VOYAGEONS DANS L'HISTOIRE PAR LES

MOTS CROISÉS

par
GENEVIEVE HAYWARD
Orthophoniste
et
JACQUELINE JONCOUR
Institutrice

RETZ
1, RUE DU DÉPART
75014 PARIS

Conception et réalisation : Studio Primart
Compogravure : Nord Compo
Illustrations : Thierry Christmann
Corrections : Lise Rubinstein
Olivier Debanne

Sommaire

Lis attentivement cette page

Voici le principe de ce livre : sur chaque page de gauche tu trouveras un texte à lire et, sur chaque page de droite, des mots croisés qui se rapportent à ce texte.

Lis ces quelques conseils avant de commencer.

☛ Souligne dans le texte les mots que tu ne connais pas, puis continue à lire : les définitions de la page de droite te les expliqueront peut-être.
(Quand tu auras fini chaque double-page, vérifie tout de même s'il reste un mot souligné que tu ne comprends pas. Dans ce cas, va vite voir dans ton dictionnaire !)

Deux choses t'aideront pour les mots croisés :

☛ D'abord, tu dois savoir que **tous** les mots des grilles sont contenus dans les pages de gauche. (Mais attention, tu ne les trouveras peut-être pas sous la même forme : verbe à conjuguer, donner le pluriel d'un mot, etc.)

☛ Ensuite, chaque définition est précédée d'une abréviation qui t'indique quel mot tu dois chercher. Nous te donnons ici la liste de ces abréviations pour que tu puisses t'y reporter.

n. m. nom masculin
n. f. nom féminin
pl. pluriel
adj. adjectif
v. verbe
gr. nom. groupe nominal
adj. num. adjectif numérique

Comme un oiseau

Une légende.
Il était une fois un roi, Dédale, qui voulait s'échapper du labyrinthe où il était enfermé avec son fils Icare...

Après avoir erré longtemps dans le labyrinthe, Dédale et son fils cherchèrent un moyen de s'échapper.
Dédale prit alors des plumes et les arrangea d'une manière si admirable qu'il forma des ailes pareilles à celles des grands oiseaux. Les plus longues plumes étaient collées avec de la cire.
Icare l'aidait, heureux de l'invention de son père.
Dédale dit à Icare :
– Mon fils, aie soin de voler à la même hauteur que moi. Si tu descendais trop bas, l'humidité de la mer alourdirait tes ailes ; si tu t'élevais trop haut, la chaleur du soleil les brûlerait. N'approche surtout point des étoiles et suis-moi.
Comme un oiseau qui apprend à ses petits l'art dangereux de voler, Dédale ne quittait pas son fils des yeux. Ils s'élevèrent tous deux dans l'air.
Les voyageurs étaient déjà loin au-dessus de la mer lorsque le jeune Icare, devenu plus hardi mais très imprudent, abandonna son guide pour s'élever plus haut. L'ardeur du soleil ayant fait fondre la cire, il eut beau agiter les bras pour se soutenir, il tomba pâle et tremblant dans la mer.

Dédale l'appelait en vain :
– Icare, mon cher Icare, qu'es-tu devenu ?
Il aperçut alors des plumes qui flottaient sur les vagues. Hélas ! Il ne pouvait plus douter de la chute et de la mort de son fils bien-aimé.

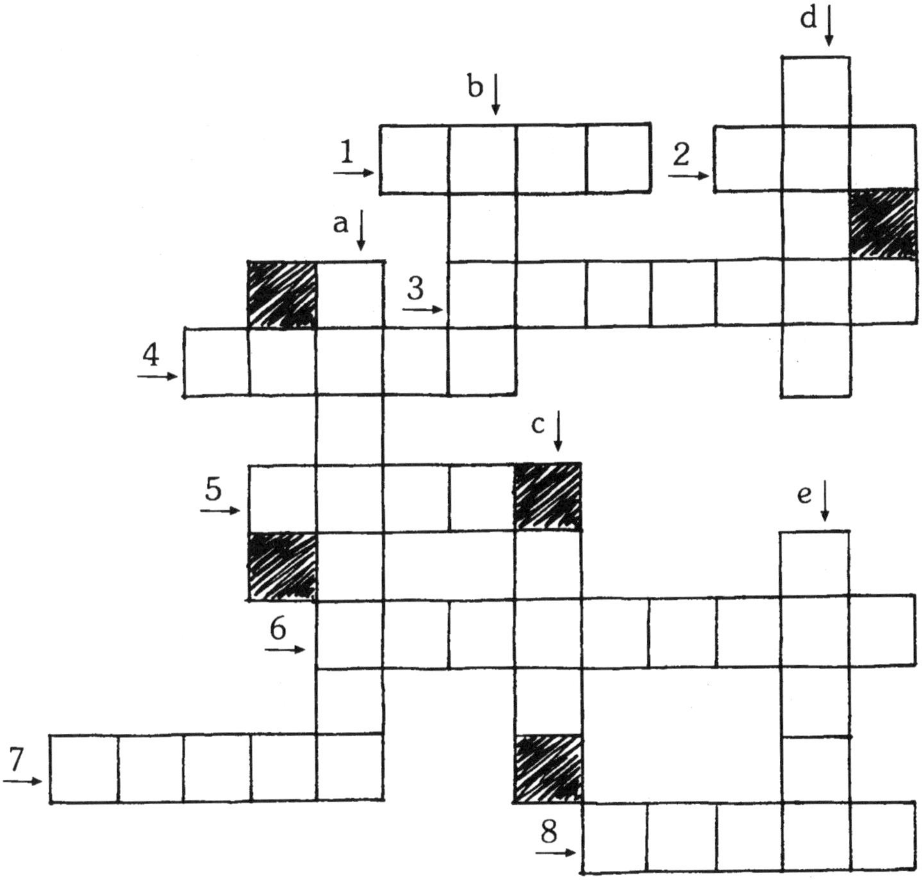

HORIZONTALEMENT

1. *adj.* Contraire de «bas».
2. *adj.* Contraire de «haut».
3. *n. f.* L'histoire de Dédale et Icare en est une.
4. *n. f.* Couvre le corps des oiseaux.
5. *n. f.* Avec elle, les abeilles font les alvéoles qui contiennent le miel.
6. *n. f.* Ce qu'on invente.
7. *n. f.* Celle que fit Icare était mortelle.
8. Fils de Dédale.

VERTICALEMENT

a. *n. f.* Nom correspondant à «humide».
b. *n. f.* Partie du corps de l'oiseau qui lui permet de voler.
c. *n. f.* Elle devint la tombe d'Icare.
d. *adj.* Aventureux.
e. *v.* Ce que l'invention de son père permit à Icare de faire.

Un navire grec

A bord de bateaux à rames, les marchands grecs pouvaient faire de très longs voyages pour trouver des matières précieuses.

Moi, Pythéas, après avoir étudié les mathématiques et l'astronomie, j'ai décidé d'écrire le récit de mon voyage vers le Grand Nord.
Je veux voir les pays où le soleil ne se couche pas.
Je passerai par Gibraltar, Ouessant, la Grande-Bretagne et ses mines d'étain, l'Islande, et la Norvège, jusqu'à la mer Baltique où je trouverai de l'ambre, cette résine dorée de valeur inestimable.
J'ai fait construire un pentécontor[1] et j'ai embauché des rameurs. Ils seront cinquante à tenter l'aventure avec moi.
Départ : mon navire est prêt ; les rameurs sont prêts. Nous aurons un long voyage à parcourir et je devrai soutenir le moral de l'équipage.
12e jour : nous passons le détroit de Gibraltar.
36e jour : nous avons accosté les rives de la Grande-Bretagne et contemplé les marées.
93e jour : nous sommes arrivés dans le Grand Nord et avons découvert la glace des sommets. Nous naviguons dans ce labyrinthe d'îles, de golfes, de passes. Heureusement la mer est calme et le vent nous est favorable.
114e jour : nous revenons vers *Massilia*[2] après avoir atteint le pays des barbares[3] du Nord et son ambre. Le voyage de retour a été long mais sans encombre. Il a fallu retrouver Gibraltar pour entrer dans la Méditerrannée et regagner *Massilia*. L'ambre a été partagé entre tous les rameurs.

1. Navire grec en bois muni d'une quille, d'une proue, d'une poupe et de deux voiles carrées. Il avance aussi grâce à cinquante rameurs.

2. Marseille.
3. Ce mot désignait les étrangers, pour les Grecs.

D'après Ferdinand Lallemand, *Journal de bord de Pythéas.*

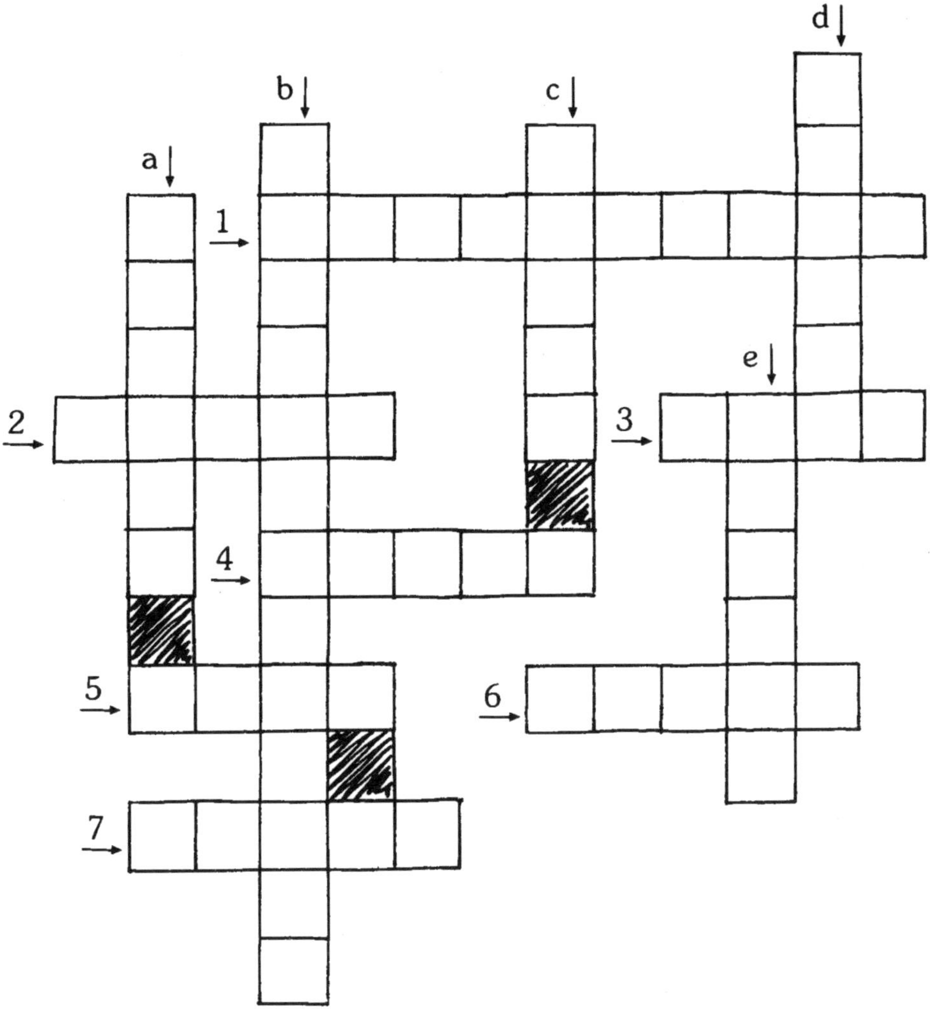

HORIZONTALEMENT

1. *n. f.* Science qui étudie les astres.
2. *n. f.* Va-et-vient de la mer sous l'influence du soleil et de la lune.
3. *n. m.* Citoyen de la Grèce.
4. *n. m.* Résine dorée que voulait trouver Pythéas.
5. *n. m.* Matière dans laquelle était faite la coque du bateau.
6. *n. f.* Avant du bateau.
7. *n. f.* Arrière du bateau.

VERTICALEMENT

a. *n. m.* Ce que raconte Pythéas dans son journal de bord.
b. *n. f. pl.* Science qui étudie les nombres.
c. *n. f.* Morceau de toile qui reçoit l'action du vent.
d. *n. f.* Pièce placée sous la coque pour équilibrer le bateau.
e. *n. m.* Personne qui rame.

Le départ de la caravane

Une fresque découverte en Orient, sculptée sur un panneau de pierre, représente le départ d'une caravane.

Des siècles ont passé sur cette fresque très ancienne, maintenant très abîmée, et il n'est pas toujours facile, même pour des archéologues, de «lire» ce qu'elle représente.

Deux cavaliers vêtus d'un petit manteau drapé qui flotte au vent et d'une tunique plissée montent leurs chevaux bien équipés et bien soignés. Les crinières et les queues sont tressées. A leurs selles sont suspendus étui à arc et carquois.

Peut-être partent-ils à la chasse.

Derrière eux des chameaux suivent, montés par des méharistes.

Peut-être partent-ils pour une expédition à travers le désert. Peut-être vont-ils porter un message dans une ville lointaine ou conduisent-ils un roi.

C'est à chacun d'imaginer où va cette caravane.

HORIZONTALEMENT

1. *n. m.* Personne qui monte à cheval.
2. *n. m.* Animal à deux bosses.
3. *n. m.* Nouvelle transmise par écrit ou par oral.
4. *n. m.* Singulier de «chevaux».
5. *n. f.* Pièce de cuir qui sert de siège au cavalier.
6. *n. f.* Voyage.

VERTICALEMENT

a. *n. m.* Arme formée d'une tige souple et d'une corde.
b. *n. m.* Zone sèche et aride.
c. *n. m.* Personne qui monte un chameau.
d. *n. f.* Groupe de voyageurs qui se déplace à travers le désert.
e. *n. m.* Il fait flotter le manteau des cavaliers.
f. *n. m.* Etui à flèches.

Les drakkars

Sur leurs navires à rames et à voiles, aux figures de proue menaçantes, les Normands ont été de grands conquérants, abordant les côtes de l'Europe et parcourant les fleuves pour gagner de nouveaux pays.

Pendant longtemps, lorsqu'on parlait des Normands, dans tout le royaume de France les bonnes gens ajoutaient aussitôt : « Dieu nous en garde ! ». Car c'étaient de terribles pillards. Leur pays était le Danemark ; de temps en temps ils prenaient la mer sur leurs barques longues et effilées et, à soixante ou soixante-dix hommes par barque, se dirigeaient vers les côtes d'Angleterre ou de France. Ils n'avaient peur de rien, ni des combats ni des tempêtes ; remontant le cours des fleuves, ils débarquaient aussitôt qu'ils apercevaient quelque riche ferme ou quelque ville très prospère ; et l'arme au poing ils s'emparaient de tout ce qu'ils trouvaient : argent, bétail, tonneaux de vin, ballots[1] de draps, trésors des châteaux, vases sacrés des églises et des abbayes, tuant sans pitié ceux qui tentaient de leur résister. Leurs barques étaient si rapides, leur arrivée si soudaine, qu'avant d'avoir pu se ressaisir, les riverains des fleuves, gens des campagnes et des villes, étaient chassés et mis en déroute.
En 885, quand les Normands poussèrent l'audace jusqu'à vouloir venir piller Paris, ils trouvèrent pourtant des combattants résolus à leur tenir tête. Finalement, au bout de deux mois, les barques normandes durent redescendre la Seine.

1. Paquets.

Régine Pernoud,
L'Histoire racontée à mes neveux, Stock, 1969.

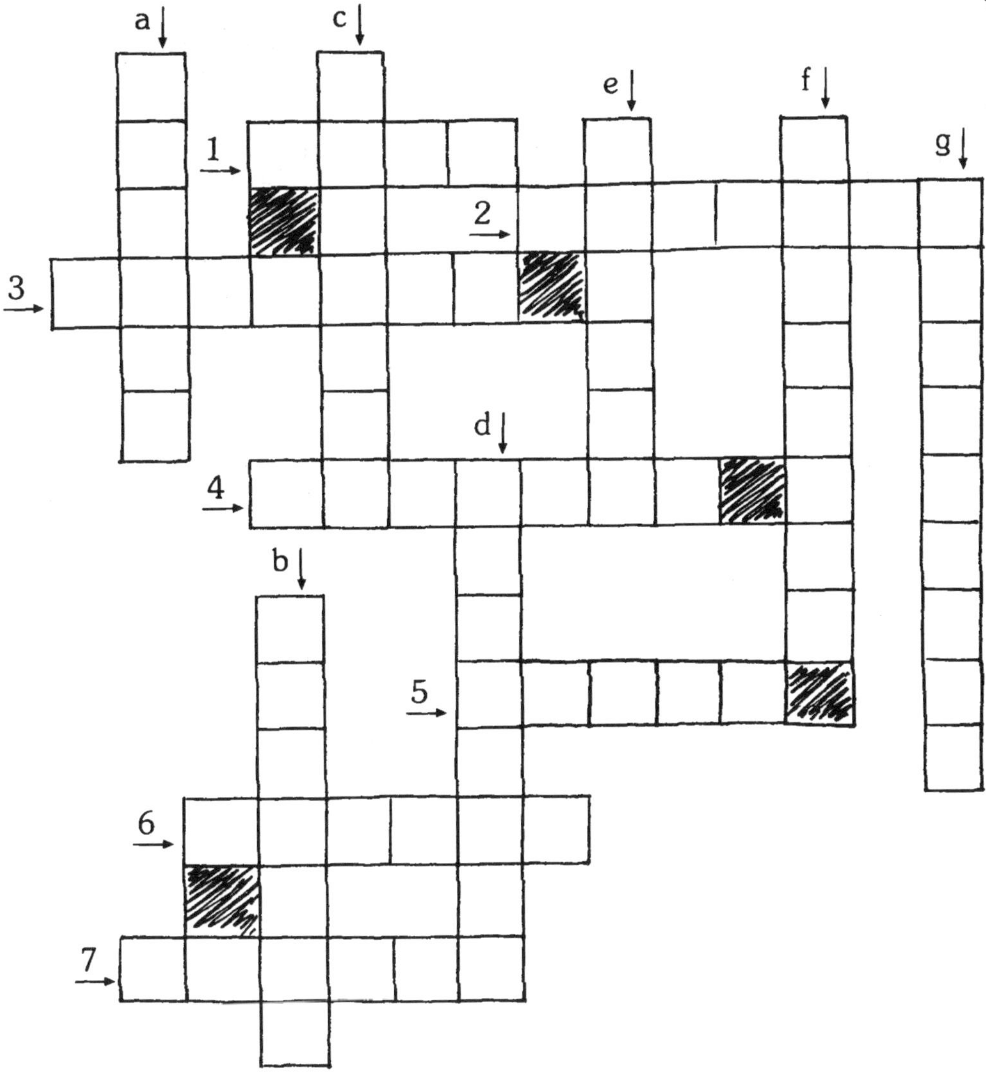

HORIZONTALEMENT

1. *n. f.* Rivage.
2. *n. m.* Habitant de Normandie.
3. *n. m.* Celui qui pille.
4. *n. f.* Les Normands n'en avaient pas peur.
5. Les Normands ont dû la redescendre.
6. *v.* Mot de la famille de «pillard».
7. *n. m.* Cours d'eau qui arrive à la mer.

VERTICALEMENT

a. *adj.* Contraire de «lent».
b. *adj.* Qualifie, dans le texte, la barque des Normands.
c. *n. m.* Domaine des rois.
d. *adj.* Synonyme de «riche».
e. *n. m.* Les Normands l'affrontaient sans peur.
f. *n. m.* Pays des Normands.
g. *v.* Quitter un bateau.

La boussole

La boussole, invention très ancienne, était un instrument indispensable pour les voyageurs à qui elle indiquait le Nord et permettait de se diriger.

La boussole, qui nous vient des Chinois et des Arabes, se compose d'une petite cuve remplie d'eau (celle-ci reste horizontale sur le bateau) et d'un roseau creux contenant du fer aimanté.
Dans le *Livre des merveilles* de Marco Polo, écrit en 1307, on voit un dessin de la première boussole occidentale[1]. Nous savons donc que cette boussole était sur son bateau. Elle indiquait le Nord... et permit à Marco Polo de s'aventurer loin en mer.
Parti de Venise en bateau, il traversa la Méditerranée jusqu'à Acre.
Le voyage maritime était terminé.
L'expédition terrestre se poursuivit en chevauchant, pendant plus de trois ans, avant d'atteindre le territoire des Mongols et le désert de Gobi.
Marco Polo décrit ainsi ce désert :
« Il est si long qu'en un an on ne pourrait chevaucher d'un bout à l'autre. Ce sont tous monts et vallées de sable, et on n'y trouve rien à manger. Mais quand on a chevauché un jour et une nuit, on trouve de l'eau douce tant qu'il en faudra pour cinquante personnes ou cent, avec leurs bêtes, mais pas pour plus. »

1. Qui vient d'Occident, partie du monde située à l'Ouest. L'Occident correspond aujourd'hui à l'Europe.

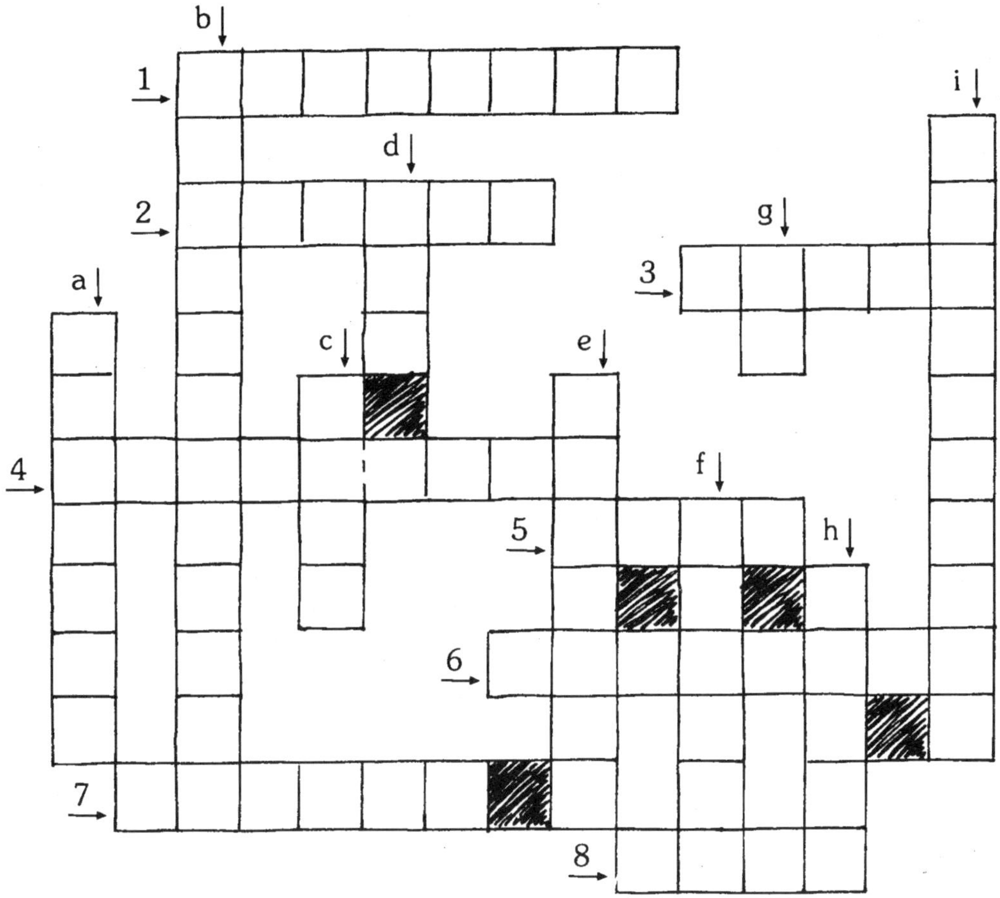

HORIZONTALEMENT

1. *adj.* Qualifie le voyage par mer.
2. *n. m.* Etendue sèche et aride.
3. *n. m.* Il recouvre les monts et vallées du désert.
4. Nom de l'explorateur qui a raconté ses aventures vers la Chine.
5. *n. m.* Point cardinal opposé au sud.
6. *n. f.* Instrument qui permet aux voyageurs de s'orienter.
7. Ville d'Italie, de laquelle est parti Marco Polo.
8. *n. f.* Petit récipient de la boussole que l'on remplissait d'eau.

VERTICALEMENT

a. *adj.* Qualifie un métal qui a la propriété d'indiquer le nord.
b. *n. f.* Mer fermée qui borde le sud de la France.
c. Nom du désert décrit par Marco Polo.
d. *n. f.* Liquide dont on remplissait la cuve de la boussole.
e. *n. m. pl.* Habitants de la Mongolie.
f. *n. m.* Petite tige creuse qui contenait le fer aimanté de la boussole.
g. *n. m.* Il comporte trois cent soixante-cinq jours.
h. *adj.* Féminin de « doux ».
i. *v.* Voyager à cheval.

La caravelle

C'est à bord de sa caravelle, La Pinta, *que Christophe Colomb découvrit l'Amérique en 1492.*

C'était une caravelle telle,
Mât de misaine et mât de hune
Que pour tenir la mer comme elle,
Y'en avait pas dix, ni une.

Coque fine, toutes les voiles
Mât de hune et mât de misaine
Faites de la meilleure toile
Elle allait aux îles lointaines.

Souvent à bâbord ou à tribord
Mât de hune et mât de misaine
Elle avait un chargement d'or
Mais filait six nœuds sans peine.

On l'appelait « Belle Gabrielle »
Mât de misaine et mât de hune
Et pour prendre le vent comme elle
Il ne s'en vit jamais une.

Marcelle Bertin,
Petite Histoire des voyages.

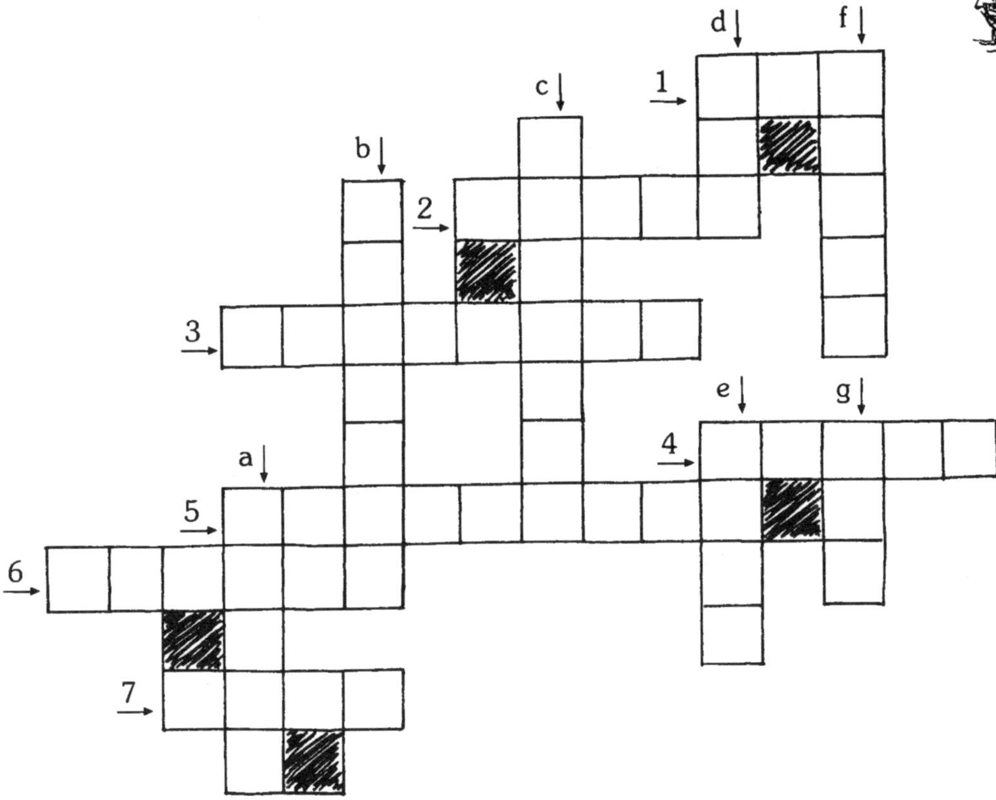

HORIZONTALEMENT

1. *n. m.* Longue pièce de bois qui porte la voile.
2. *v.* Pour un bateau, avancer à grande vitesse.
3. *adj.* Eloigné.
4. *n. f.* Pièce de toile fixée au mât.
5. *n. f.* Navire à voiles, à trois ou quatre mâts.
6. *n. m.* Côté gauche du bateau.
7. *n. f.* Plate-forme qui repose sur un mât.

VERTICALEMENT

a. *n. f.* Celle de la caravelle était fine.
b. *n. m.* Côté droit du bateau.
c. *n. f.* Premier mât à l'avant du bateau.
d. *n. f.* Etendue d'eau salée.
e. *n. m.* Il fait avancer les bateaux à voiles.
f. *n. f.* Tissu utilisé pour les voiles.
g. *n. f.* Terre entourée d'eau.

Un carrosse sur l'eau

Madame de Sévigné, écrivain du siècle de Louis XIV, décrit son voyage à sa fille.

A Blois, jeudi 3 mai 1680.

L'abbé et moi, nous sommes montés dans le bateau à six heures par le plus beau temps du monde ; j'y ai fait mettre le corps de mon grand carrosse, d'une manière que le soleil n'a point entré dedans : nous avons baissé les glaces ; l'ouverture du devant fait un tableau merveilleux, celle des portières et des petits côtés nous donne tous les points de vue qu'on peut imaginer. Nous ne sommes que l'abbé et moi dans ce joli cabinet, sur de bons coussins, bien à l'air, bien à notre aise ; tout le reste, comme des cochons, sur la paille. Nous avons mangé du potage et du bouilli tout chaud : on a un petit fourneau, on mange sur un ais (planche) dans le carrosse, comme le Roi et la Reine.
Nous passons tous les ponts avec un plaisir qui nous les fait souhaiter : il n'y a pas beaucoup *d'ex-voto*[1] pour les naufrages de la Loire, non plus que pour la Durance[2] ; il y aurait plus de raison de craindre cette dernière, qui est folle, que notre Loire, qui est sage et majestueuse.

1. Tableau que les marins offraient à une église pour remercier un saint lorsqu'ils avaient échappé à un naufrage.
2. Affluent du Rhône.

Madame de Sévigné, *Lettres*.

HORIZONTALEMENT

1. *n. m.* Pièce à laquelle Madame de Sévigné compare l'intérieur de son carrosse.
2. *adj.* Caractérise la Loire dans le texte.
3. *n. m.* C'était la partie principale du carrosse.
4. *n. m. pl.* Ces accidents étaient plutôt rares sur la Loire.
5. *n. m.* Pièce de tissu cousue et rembourrée que l'on pose sur les fauteuils.
6. *n. f.* Elle protège de l'air extérieur tout en permettant de regarder dehors.
7. Affluent du Rhône.

VERTICALEMENT

a. *n. m. pl.* Partie latérale, flancs.
b. *n. m.* Moyen de transport tiré par des chevaux, utilisé au siècle de Louis XIV.
c. Fleuve français qui prend sa source dans le Massif central et se jette dans l'océan Atlantique.
d. *n. m.* Moyen de transport utilisé sur l'eau.
e. *n. m.* Les bateliers l'utilisaient pour chauffer leurs aliments.

Mythologie
IVe
IIIe
IIe
Ie
Avant JC
Après JC
Ie
IIe
IIIe
IVe
Ve
VIe
VIIe
VIIIe
IXe
Xe
XIe
XIIe
XIIIe
XIVe
XVe
XVIe
XVIIe-1680
XVIIIe
XIXe
XXe

La voiture de poste

En 1796, on met six jours pour faire 230 km (huit à dix jours d'Orléans à Paris). Les conducteurs essaient parfois de rattraper le temps perdu...

Nous sommes arrivés à bon port, traînés par trois chevaux qui allaient le trot. Ce sont des enragés de la première espèce. Le cocher, encore plus enragé qu'eux, trouva amusant en descendant de la montagne de les laisser courir. Nous ne roulions pas, nous étions précipités. Les uns juraient, les autres voulaient descendre. Je m'amusais beaucoup et je criais :

– Fouette, cocher !

– Mais, monsieur taisez-vous donc ! nous allons être tués, dit une dame qui mourait de peur.

– Non, nous arriverons plus vite !

Et la voiture de fendre l'air et chacun de se cramponner à son voisin. Et moi de dire qu'on donnerait à boire au cocher en arrivant.

On s'arrête enfin non loin d'une auberge où chacun, en soupant, se remet de sa frayeur.

Maurice Dupin,
Histoire de ma vie.

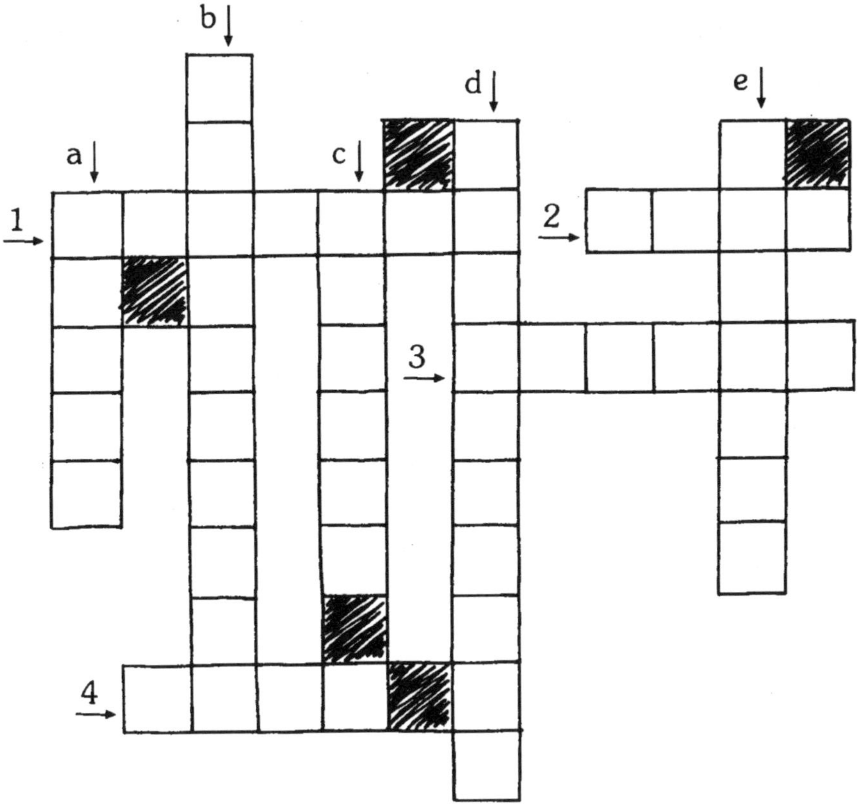

HORIZONTALEMENT

1. *n. f.* Peur très vive.
2. *n. f.* Synonyme d'inquiétude.
3. *n. m.* Il conduisait le coche.
4. *n. m.* L'une des allures naturelles du cheval.

VERTICALEMENT

a. *n. m.* Objet avec lequel le cocher excitait les chevaux.
b. *v.* Accrocher.
c. *adj.* Furieux.
d. *v.* Entraîner avec violence.
e. *n. f.* Maison où l'on peut manger et se loger.

Le coche

Au XIXe siècle, un écrivain allemand décrit un des premiers transports en commun français.

Le moyen le plus économique de voyager est le coche ordinaire qui part une fois par semaine, le vendredi, pour Paris. Cependant, bien que ce coche soit pourvu d'une caisse suspendue à des chaînes comme d'autres véhicules, qu'il soit rembourré à l'intérieur, et réellement bien meilleur que la voiture de poste allemande, il n'en est pas moins un misérable véhicule. Il est de forme ovale, surmonté par-devant et par-derrière d'un grand réceptacle en osier tressé, de manière qu'on ne peut apercevoir la caisse que par les côtés. Tout cela n'aurait cependant pas grande importance pour le voyageur ; mais comme le coche est bon marché, toute espèce de gens s'y rassemblent. L'on s'y rencontre avec des individus dont, ailleurs, on ne supporterait pas la compagnie pendant un quart d'heure seulement, à plus forte raison pendant des journées entières. Gens du bon ton, mendiants, moines, artistes, femmes de chambre, domestiques, tout prend place dans cette arche de Noé. Comme celle-ci peut contenir huit à dix personnes, assises dans une ellipse, et qu'en raison de la quantité des bagages elle est très lourde, il faut souvent l'atteler de huit chevaux, qui ne peuvent néanmoins faire plus de douze lieues (cinquante-quatre kilomètres) par jour. On reste donc onze jours entiers pour aller à Paris.

Grimm.

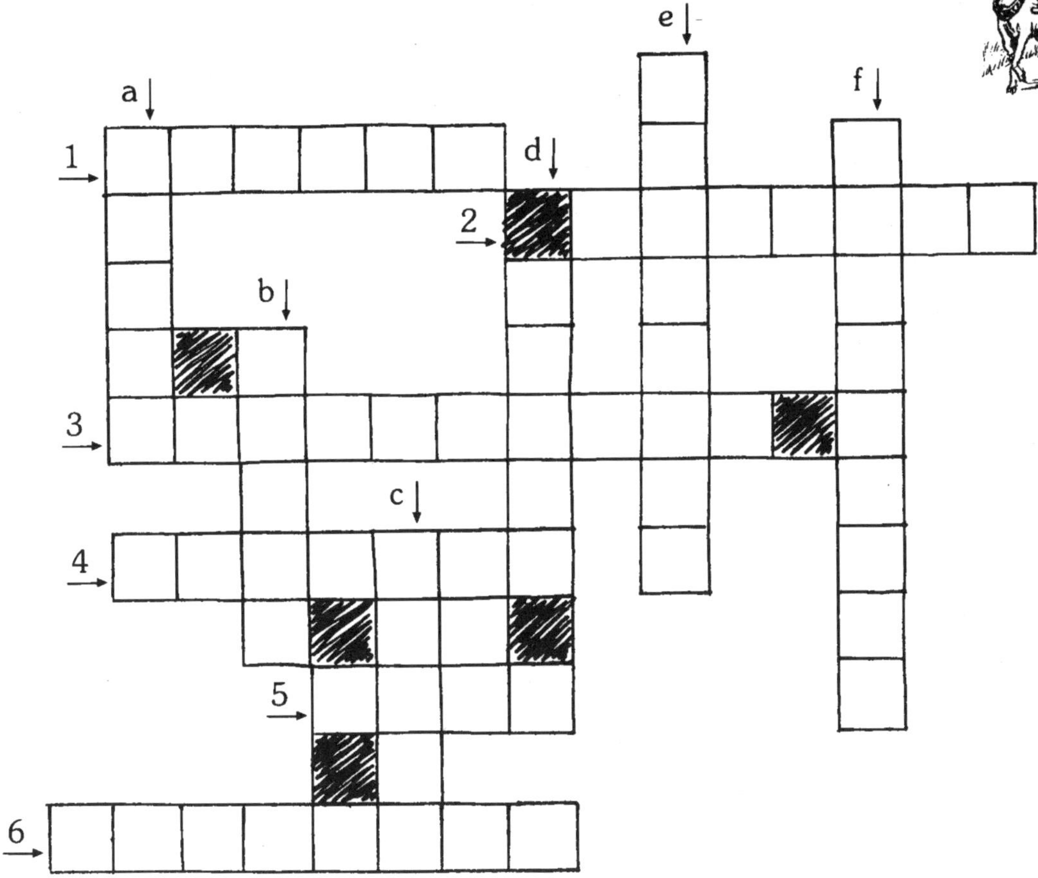

HORIZONTALEMENT

1. *n. f.* La partie du coche qui était suspendue aux chaînes.
2. *n. f. pl.* Faites d'anneaux de métal entrelacés, elles servaient à maintenir une partie du coche.
3. *adj.* Qui permet de ne pas dépenser trop d'argent.
4. *v.* Attacher une ou plusieurs bêtes à une voiture.
5. *n. m. pl.* Synonyme de «personnes».
6. *n. m.* Il voyageait dans le coche.

VERTICALEMENT

a. *n. m.* Moyen de transport décrit ici.
b. *n. f.* Elle assurait le transport des voyageurs et du courrier.
c. *n. f.* Ancienne mesure de distance.
d. *n. m.* Le réceptacle qui surmontait le coche était tressé dans ce bois souple.
e. *n. m.* Sert à se déplacer.
f. *n. m. pl.* Synonyme un peu méchant de «personnes».

La montgolfière

En 1783, deux inventeurs, les frères Montgolfier, envoyaient dans le ciel d'Annonay (Ardèche) le premier ballon à air chaud. Voici la lettre envoyée par un témoin à un journal de l'époque.

Annonay, 26 juin 1783.

... « On vient de donner ici un spectacle réellement curieux, celui d'une machine faite en toile et couverte de papier.
On l'a fait élever en l'air par le moyen du feu, à une hauteur si prodigieuse qu'elle ne paraissait plus que comme un tambour.
Les paysans qui la virent, effrayés d'abord, crurent que c'était la lune qui se détachait du firmament[1].
J'ai vu cette machine s'élever. Elle eut d'abord de la peine à s'élancer, mais quand elle fut remplie de fumée, elle partit avec autant de rapidité qu'une fusée.
Elle est restée sept à huit minutes en l'air et est allée tomber à un quart de lieue de l'endroit d'où elle était partie, sur une muraille d'où il n'a pas été possible de la retirer pour la préserver de l'action du feu qu'on y avait mis – mais je ne sais ni où, ni comment. »

1. Le ciel

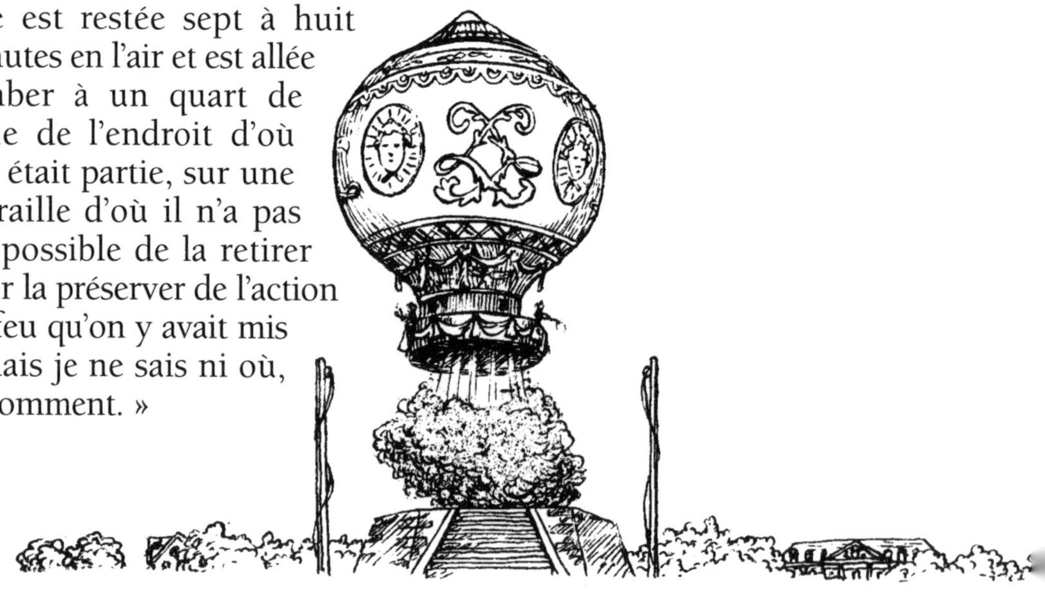

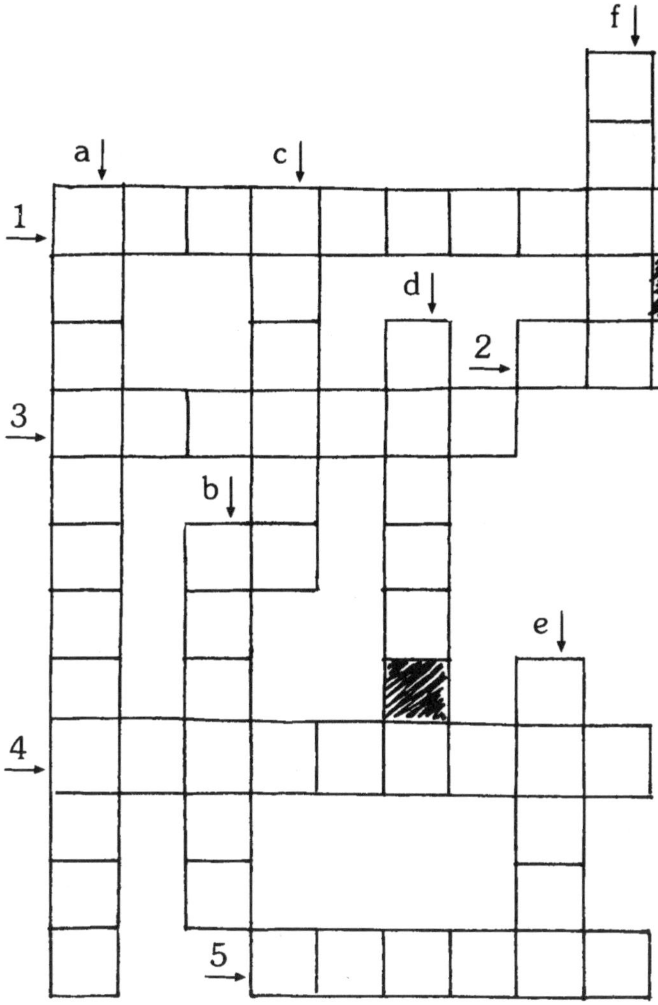

Mythologie
IVe
IIIe
IIe
Ie
Avant JC
Après JC
Ie
IIe
IIIe
IVe
Ve
VIe
VIIe
VIIIe
IXe
Xe
XIe
XIIe
XIIIe
XIVe
XVe
XVIe
XVIIe
XVIIIe-1783
XIXe
XXe

HORIZONTALEMENT

1. Nom de l'inventeur de cette «machine» volante.
2. *n. m.* Moyen utilisé pour gonfler le ballon.
3. *n. m.* Instrument de musique à percussion que l'on fait résonner avec des baguettes.
4. *n. m.* Personne qui invente.
5. *n. m.* Matière utilisée pour couvrir le ballon.

VERTICALEMENT

a. *n. f.* Nom donné à la machine inventée par Montgolfier.
b. *v.* Monter.
c. *v.* Faire une chute.
d. *n. f.* Moyen de transport très rapide auquel on compare cette machine.
e. *n. f.* On en remplit le ballon.
f. *n. f.* Matière utilisée pour la fabrication du ballon.
g. *n. m.* Les êtres vivants le respirent.

En ballon

En 1785 eut lieu la première traversée aérienne de la Manche (Douvres-Calais) par deux aéronautes : Blanchard et Jeffries.

Douvres, 7 janvier 1785.

Le matin. Le ballon, gonflé peu avant une heure, fut détaché des appareils qui servaient à le remplir et conduit au bord de la falaise.
13 h. Nous nous enlevâmes doucement depuis la falaise. Les vues enchanteresses d'Angleterre et de France se présentaient à nous alternativement.
14 h. Je découvris que nous descendions rapidement. Nous jetâmes un sac de lest[1].
14 h 15. Comme nous perdions toujours de la hauteur, il fallut encore jeter ce qui restait du lest.
15 h. Nous étions parvenus à une altitude jamais atteinte au cours de notre voyage. Rien ne pouvait égaler la splendeur du paysage...
15 h 30. Notre glissade reprit avec une grande rapidité. Nous descendions, nous distinguions la taille des arbres.
16 h. Il n'était pas tout à fait quatre heures quand un espace entre des arbres nous permit de descendre vers le sol. Nous entreprîmes de dégonfler le ballon puis de faire quelques exercices pour nous réchauffer. Nous avions été obligés pendant le voyage de jeter nos vêtements...
Nous avions traversé la Manche.

Jeffries, *Journal de Paris,*
1er juillet 1785.

1. Sac de sable utilisé pour alourdir le ballon.

HORIZONTALEMENT

1. *n. m.* Blanchard en était un.
2. *n. f.* Synonyme de «hauteur». (On utilise souvent ce mot à la montagne.)
3. *n. f.* Nom de la famille de «haut».
4. *n. m.* Engin utilisé par Blanchard.
5. Le départ eut lieu de cette ville d'Angleterre.
6. Ville de France où aurait dû arriver le ballon.
7. *n. f.* Paroi abrupte au bord de la mer.

VERTICALEMENT

a. Le ballon s'envola de ce pays.
b. *n. m.* Surface de la terre.
c. *n. f.* Nom de la famille de «rapide».
d. *n. m.* Sac rempli de sable que les aéronautes utilisèrent pour alourdir leur ballon.
e. *n. f.* Passage d'un continent à un autre.

La machine à courir

En 1818, le baron de Drais présente un curieux engin. Voilà le récit d'un reporter qui n'a pas su sentir le succès qu'allait avoir cet ancêtre de la bicyclette...

A l'aide de cette machine et pour participer à une course, le domestique de M. de Drais devait parcourir trois cents toises (environ six cents mètres) en trois minutes, et cependant, il a toujours été suivi sans peine par les enfants. Cette machine ne saurait être d'une utilité réelle ; on ne peut s'en servir que dans les allées bien entretenues d'un parc ; le fossé le plus étroit, la plus petite ornière contraindrait celui qui la monte à mettre pied à terre et à prendre sa voiture sur ses épaules pour franchir l'obstacle. Le vélocipède est bon tout au plus pour faire jouer les enfants dans un jardin.

...Cependant la journée fut marquée par un accident.

Un amateur, ayant voulu faire l'essai d'un des deux joujoux qui jusque-là avaient été en activité, a fait une chute qui a beaucoup égayé les spectateurs ; un écrou s'étant détaché, il n'a plus été possible de faire courir la machine qui n'est pas autre chose qu'un bâton à roues.

HORIZONTALEMENT

1. *n. m.* Il est à l'origine d'une famille.
2. *n. m.* Trou creusé dans le sol au bord d'une route.
3. *n. m.* Celui qui voulut essayer la «machine à courir» eut un accident.
4. *n. f. pl.* Ancienne mesure de longueur.
5. *n. f.* Le comble serait bien de la porter sur ses épaules pour franchir un obstacle !
6. *n. f. pl.* Quand un bâton en est muni, on l'appelle une «machine à courir»…

VERTICALEMENT

a. *n. f.* Engin.
b. *n. f.* L'engin de M. de Drais fut son ancêtre.
c. *n. m.* Son diminutif est le «vélo».
d. *n. m.* Pièce de métal qui permet de fixer une vis ou un boulon.

Mythologie
IVe
IIIe
Ie
Ie
Avant JC
Après JC
Ie
IIe
IIIe
IVe
Ve
VIe
VIIe
VIIIe
IXe
Xe
XIe
XIIe
XIIIe
XIVe
XVe
XVIe
XVIIe
XVIIIe
XIXe-1818
XXe

Le steamer

Vers 1820, l'écrivain Victor Hugo raconte la peur de certains face à une nouvelle invention : la vapeur !

La côte normande fut longtemps effarée de voir se croiser les voiliers et les premiers *steamers*.
Le *steamer*, le bateau à vapeur[1], fut baptisé le Bateau-Diable. Cette bête de feu et de fer ne ressemblait-elle pas au diable ?...
«Idée folle, erreur grossière, absurdité», prétendait l'Académie des sciences.
Certains pensaient : «L'eau et le feu ne peuvent faire bon ménage.»
C'est l'enfer qui flottait.
D'autres pensaient : «Ça me fait peur...»
Pour oser une telle entreprise, un bateau à vapeur allant de Guernesey à Saint-Malo, il ne fallait rien moins qu'un Anglais entreprenant.

1. Gaz obtenu en faisant bouillir de l'eau.

D'après Victor Hugo.

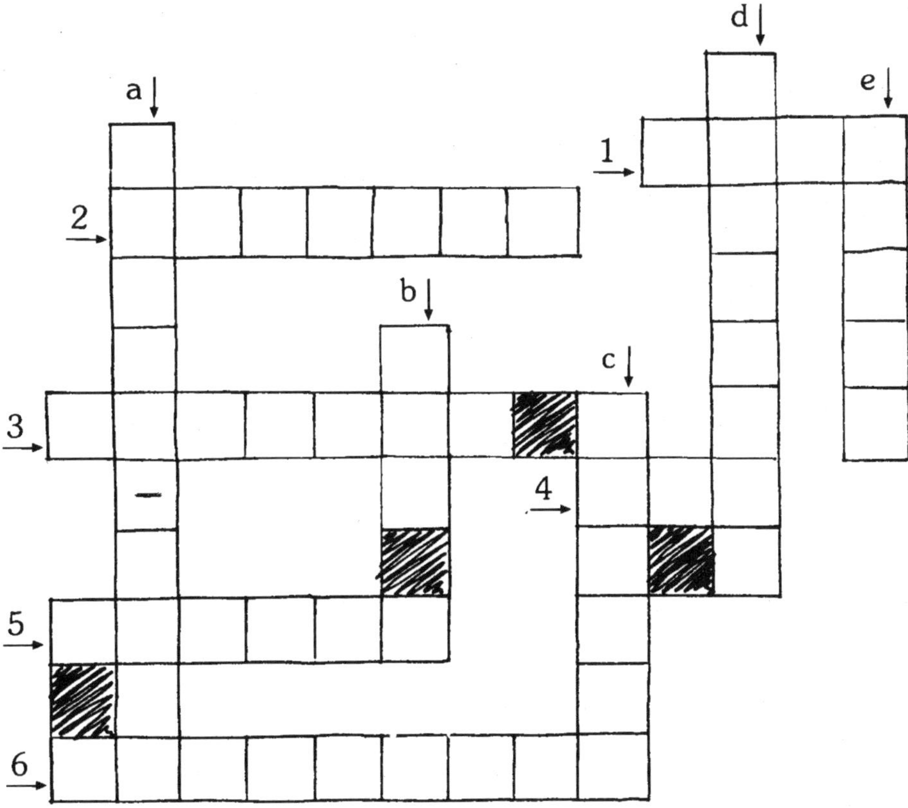

HORIZONTALEMENT

1. *n. f.* Bord de mer.
2. *n. m.* Habitant de l'Angleterre.
3. *n. m.* «Bateau à vapeur», en anglais.
4. *n. m.* Métal.
5. *n. f.* Gaz obtenu en faisant bouillir de l'eau, et qui fournit de la force.
6. *n. f.* Région bordée par la côte normande.

VERTICALEMENT

a. Port situé sur la côte bretonne.
b. *n. m.* Nécessaire pour produire la vapeur.
c. *adj.* Effrayé.
d. *n. m. pl.* Tous les bateaux qui avancent grâce au vent dans leurs voiles.
e. *n. m.* C'est le royaume du diable.

A dos d'âne

Alexandre Dumas, auteur célèbre du début du XIXe siècle, raconte une anecdote de son voyage dans les Alpes.

Mes amis avaient organisé pour le lendemain une partie de bain au lac du Bourget, situé à une demi-lieue de la ville, et venaient me demander si je voulais être des leurs. Cela allait sans dire. Je m'informai seulement des moyens de transport. Ils me répondirent de demeurer parfaitement tranquille.

Le lendemain je fus réveillé par le bruit que l'on faisait sous ma fenêtre...

Trente ou quarante ânes, enfourchés par autant de cavaliers, tenaient sur deux lignes toute la largeur de la place...

On m'avait réservé une superbe ânesse nommée Christine.

– En avant ! quatre par quatre au trot si vous voulez et au galop si vous pouvez.

Nous partîmes en effet, suivis chacun d'un gamin qui piquait avec une épingle la croupe de nos ânes.

Dix minutes après, nous étions partis trente-cinq et nous étions arrivés douze ; quant à Christine, elle allait comme le cheval de Persée[1].

1. Personnage de la mythologie grecque qui montait un cheval ailé.

Alexandre Dumas, *Des Alpes*, 1832.

HORIZONTALEMENT

1. *n. f.* Femelle de l'âne.
2. *n. m. pl.* Personnes qui montent sur les ânes.
3. *n. m.* Allure du cheval ou de l'âne, plus rapide que le pas.
4. *n. m.* L'animal que montait Persée.
5. *n. m.* Partie de l'animal sur laquelle s'assoit le cavalier.
6. *v.* S'asseoir sur une monture, cheval ou âne.
7. *n. m.* L'auteur et ses amis voulaient en prendre un dans le lac du Bourget.
8. *n. f.* Ancienne mesure de distance (environ quatre kilomètres).

VERTICALEMENT

a. Prénom de l'ânesse de l'auteur.
b. *n. m.* Animal dont on parle dans le texte.
c. *n. m.* Allure du cheval ou de l'âne, plus rapide que le trot.
d. *n. f.* Partie de l'âne que l'on pique pour le faire avancer.
e. Christine allait aussi vite que son cheval.

Un bateau pirate

En 1832, Lamartine, auteur et poète du XIXe siècle, part pour la Grèce à bord d'un bateau à voiles.

Nous naviguons délicieusement par un vent favorable entre deux îles grecques. Un bateau pirate s'approche de nous. Le brick[1] grec n'est qu'à une encablure[2] de nous ; nous montons alors sur le pont : nous nous préparons au combat ; nos canons sont chargés ; le pont est jonché de fusils et de pistolets. Le capitaine de notre navire somme le commandant des pirates de se retirer. Celui-ci, voyant vingt-cinq hommes bien armés sur notre pont, se décide à ne pas risquer l'abordage. Il s'éloigne, il revient une seconde fois et touche notre bâtiment.

Nous allons faire feu...

... Une frégate vient au secours de notre navire. Le pirate grec va se réfugier alors dans une anse inaccessible.

1. Voilier à deux mâts et à voiles carrées.
2. Mesure de longueur ; environ 200 m.

Alphonse de Lamartine,
Souvenirs de voyage.

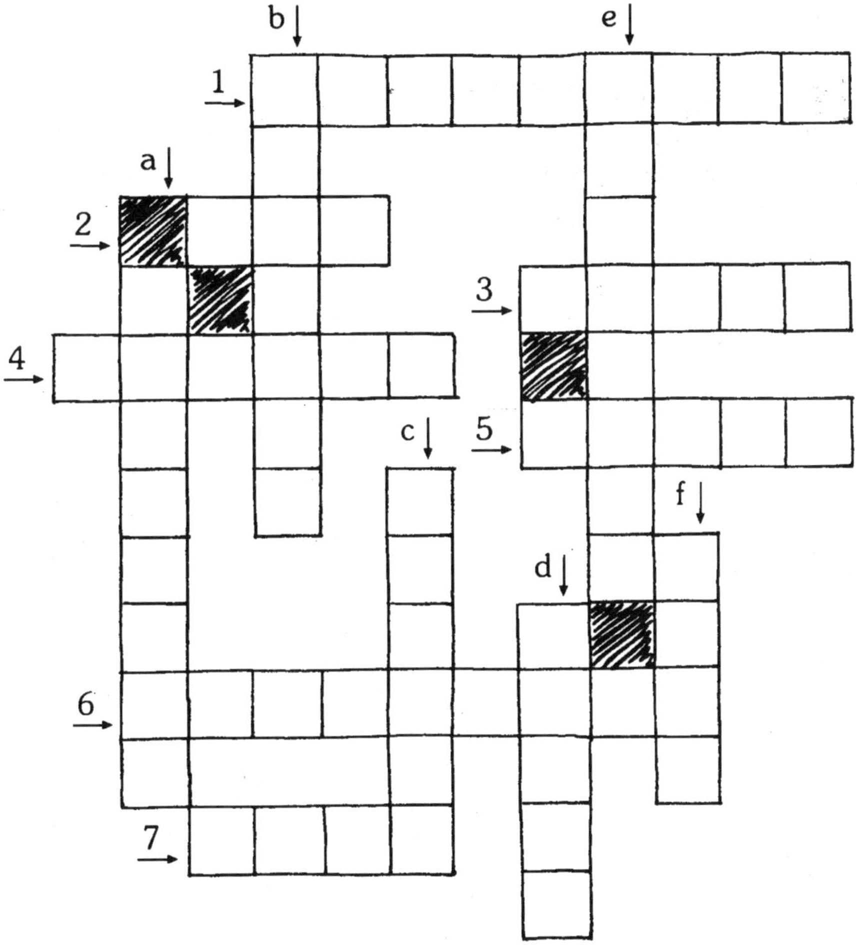

HORIZONTALEMENT

1. *adj.* Qualifie un vent qui pousse un voilier dans le bon sens.
2. *n. m.* Mot employé dans une expression qui signifie «tirer».
3. *n. m.* Voilier à deux mâts, aux voiles carrées.
4. *n. m.* Aventurier qui court les mers pour piller.
5. *n. m.* Pièce d'artillerie qui envoie des obus.
6. *n. f.* Ancienne mesure de distance utilisée dans la marine.
7. *n. m.* Partie du bateau où se tenaient les passagers.

VERTICALEMENT

a. *n. m.* Arme à feu.
b. *n. f.* Petit bateau à rames.
c. *n. m.* Nom de la famille de «combattre».
d. *n. m.* Arme à feu.
e. *n. m.* Action d'attaquer un bateau.
f. *n. m.* Habitant de la Grèce.

Le chemin de fer

En 1837, un journaliste décrit son émerveillement face à une nouvelle invention.

Paris vient de s'enrichir d'une gloire nouvelle ; la même année, qui lui a donné l'Obélisque de Louqsor et l'Arc de Triomphe de l'Etoile, lui donne encore un chemin de fer.

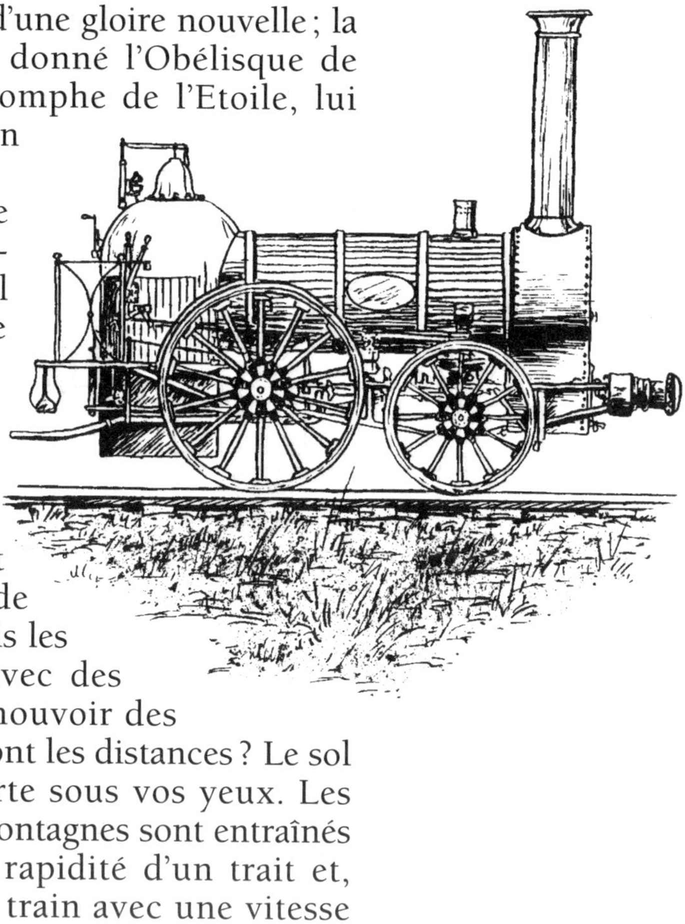

Quel tableau admirable que ce triomphe de l'intelligence humaine ! Quel imposant spectacle que celui d'une locomotive se mouvant sans effort apparent et tirant derrière elle un train de quarante ou cinquante voitures chargées, pesant chacune dix milliers de livres. Que sont désormais les plus lourds fardeaux, avec des machines qui peuvent mouvoir des poids si énormes ? Que sont les distances ? Le sol disparaît en quelque sorte sous vos yeux. Les arbres, les maisons, les montagnes sont entraînés derrière vous avec une rapidité d'un trait et, lorsque vous croisez un train avec une vitesse relative de quinze à vingt lieues à l'heure, vous l'apercevez en un moment poindre, grandir et vous toucher. Et à peine l'avez-vous passé avec effroi, que, déjà, il est emporté loin de vous, devenu un point, et disparu de nouveau dans le lointain.

Jules Janin, 1837.

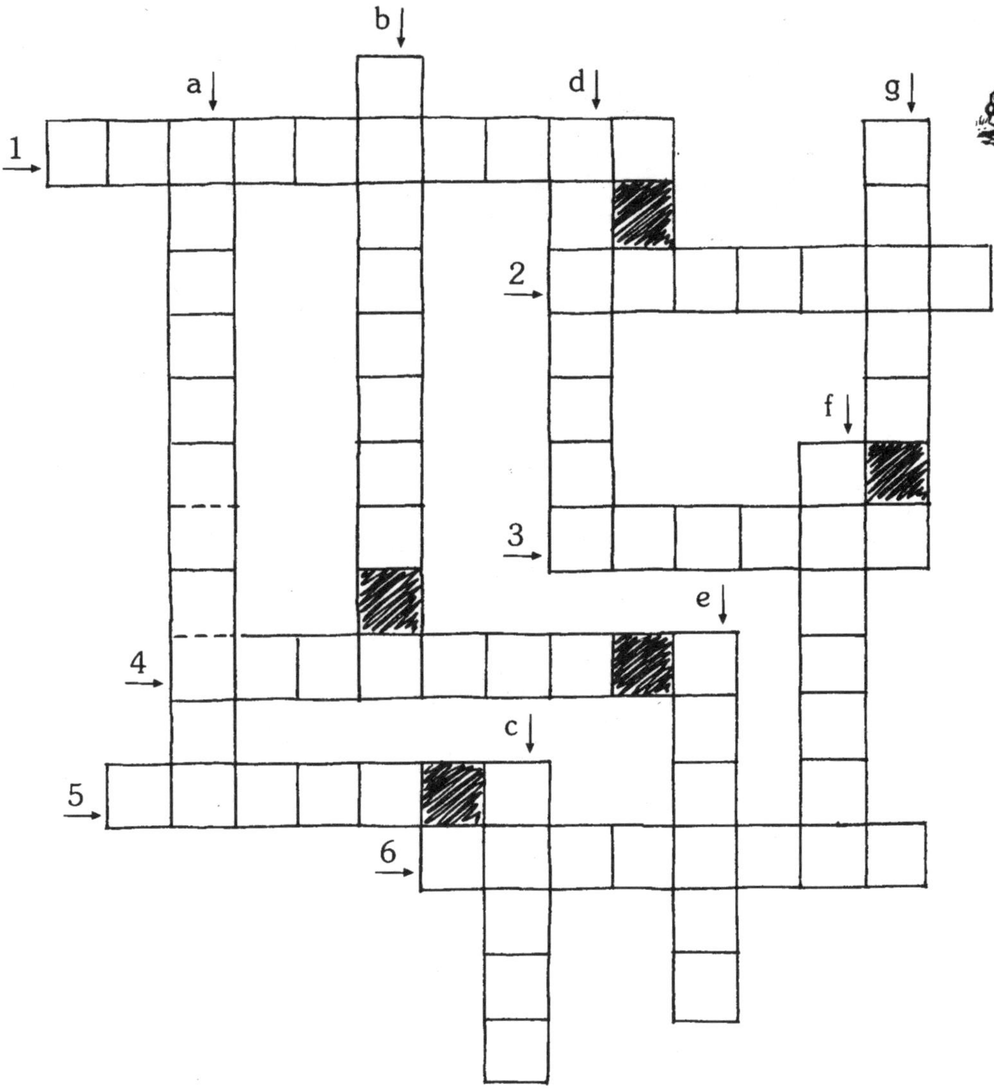

HORIZONTALEMENT

1. *n. f.* Elle tire le train.
2. *n. m.* Un des cinq sens.
3. *n. m.* Grande peur.
4. *n. m.* Objet pesant que l'on transporte.
5. *n. m.* Ensemble formé par la locomotive et les wagons.
6. *n. f. pl.* Engins.

VERTICALEMENT

a. *gr. nom.* Cette invention enthousiasma l'auteur du texte.
b. *n. f. pl.* Ce train en comptait quarante ou cinquante.
c. Capitale de la France.
d. *n. f.* Celle du train était de quinze à vingt lieues à l'heure.
e. *n. f.* Renommée, célébrité.
f. *v.* Apparaître.
g. *n. f.* Ancienne mesure de distance (environ quatre kilomètres).

Le Nautilus

En 1870, dans un roman de science-fiction, Jules Verne imagina ce qui ne devait exister que bien plus tard : le sous-marin.

Le capitaine pressa trois fois un timbre électrique. Les pompes commencèrent à chasser l'eau des réservoirs ; l'aiguille du manomètre marqua par les différentes pressions le mouvement ascensionnel du *Nautilus*, puis elle s'arrêta.

– Nous sommes arrivés, dit le capitaine.

Je me rendis à l'escalier central qui aboutissait à la plate-forme. Je gravis les marches de métal et, par les panneaux ouverts, j'arrivai sur la partie supérieure du *Nautilus*.

La plate-forme émergeait de quatre-vingts centimètres seulement. L'avant et l'arrière du *Nautilus* présentaient cette forme qui le faisait justement comparer à un long cigare.

Je remarquai que ses plaques de tôle, imbriquées légèrement, ressemblaient aux écailles qui revêtent le corps des grands reptiles terrestres.

Je m'expliquai donc très naturellement que, malgré les meilleures lunettes, ce bateau eût toujours été pris pour un animal marin.

Jules Verne,
Vingt Mille Lieues sous les mers, 1870.

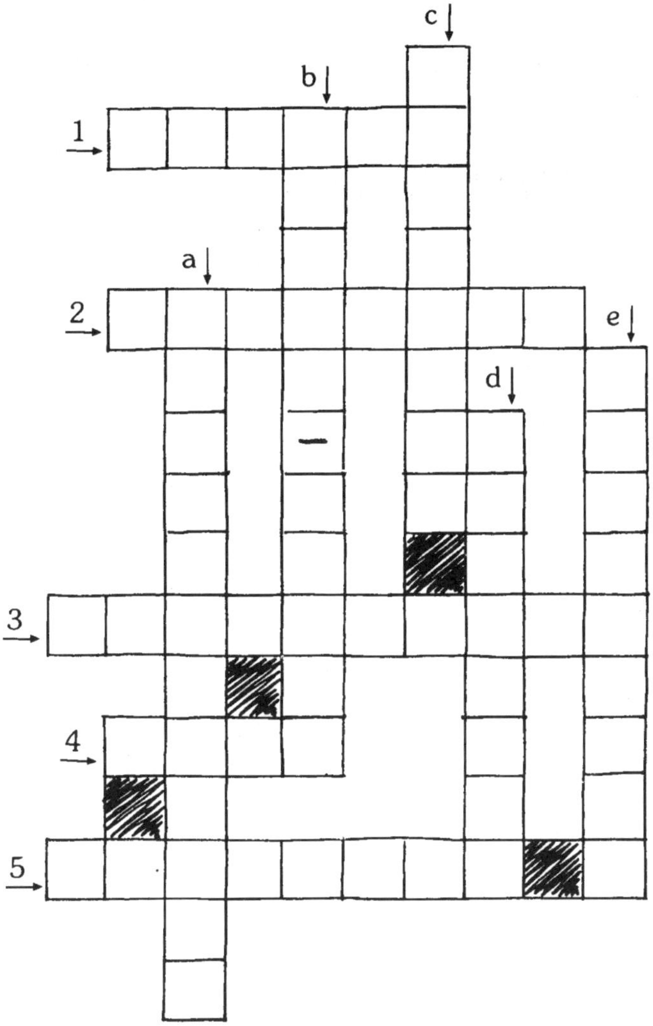

HORIZONTALEMENT

1. *n. f. pl.* Elles chassaient l'eau des réservoirs.
2. *n. m.* Nom du sous-marin inventé par Jules Verne.
3. *n. m. pl.* Ils contenaient l'eau qui alourdissait le *Nautilus* pour qu'il reste au fond de la mer.
4. *n. f.* Matière dans laquelle était fait le *Nautilus.*
5. *n. f. pl.* Instrument qui permet de voir loin.

VERTICALEMENT

a. *adj.* Qualifie le mouvement de quelque chose qui se dirige vers le haut.
b. *n. f.* Partie du sous-marin qui se trouvait hors de l'eau.
c. *n. m.* Il aboutissait à la plate-forme.
d. *n. f. pl.* Les plaques qui recouvraient le *Nautilus* ressemblaient à celles des reptiles.
e. *n. f. pl.* En les mesurant, on pouvait connaître le mouvement ascensionnel du sous-marin.

Le tour du monde

Compare le voyage imaginé par Jules Verne (1. Le roman) et ce qu'un journal de l'époque annonçait (2. La réalité).

1. Le roman

Phileas Fogg et son valet Passe-Partout ont fait le pari de faire le tour du monde en moins de quatre-vingts jours ! Voici leur trajet :

De Londres à Suez par le Mont-Cenis et Brindisi (train et paquebot)	sept jours
De Suez à Bombay (paquebot)	treize jours
De Bombay à Calcutta (train)	trois jours
De Calcutta à Hong-Kong (paquebot)	treize jours
De Hong-Kong à Yokohama (paquebot)	six jours
De Yokohama à San Francisco (paquebot)	vingt-deux jours
De San Francisco à New York (train)	sept jours
De New York à Londres (paquebot et train)	neuf jours
	quatre-vingts jours

Jules Vernes, *Le Tour du monde en quatre-vingts jours,* 1873.

2. La réalité

Le tour du monde en trois mois :

Grâce au percement de l'isthme de Suez on peut, en partant de Paris, faire désormais le tour du monde en moins de trois mois. Le service pour ce voyage circulaire ne tardera pas à être organisé. Voici l'itinéraire :

De Paris à Port-Saïd, tête du Canal de Suez (chemin de fer et service à vapeur)	six jours
De Port-Saïd à Bombay (bateau à vapeur)	quatorze jours
De Bombay à Calcutta (chemin de fer)	trois jours
De Calcutta à Hong-Kong (bateau à vapeur)	douze jours
De Hong-Kong à Yédo (bateau à vapeur)	six jours
De Yédo aux îles Sandwich (bateau à vapeur)	quatorze jours
Des îles Sandwich à San Francisco (bateau à vapeur)	sept jours
De San Francisco à New York (chemin de fer du Pacifique)	sept jours
De New York à Paris (service à vapeur)	onze jours
	quatre-vingts jours

Le Magasin pittoresque, avril 1870.

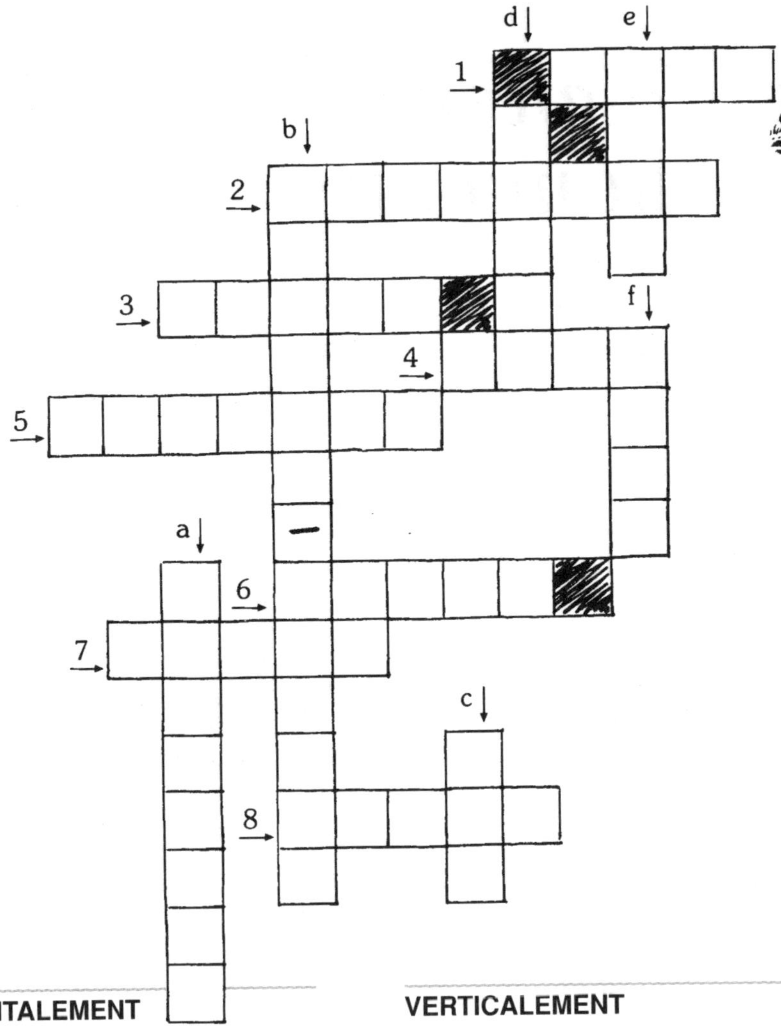

HORIZONTALEMENT

1. *n. m.* Il dure vingt-quatre heures.
2. *adj. num.* Nombre de jours pour aller de Port-Saïd à Bombay.
3. *n. m.* Moyen de transport utilisé de Bombay à Calcutta.
4. *adj. num.* Nombre de jours pour aller de New York à Londres.
5. Ville où débute et s'achève l'aventure de Phileas Fogg.
6. Nom de l'auteur qui a raconté cette aventure.
7. Dans la réalité, le départ et l'arrivée avaient lieu dans cette ville.
8. *adj. num.* Nombre de jours pour aller de Bombay à Calcutta.

VERTICALEMENT

a. *n. m.* Moyen de transport utilisé entre Suez et Bombay.

b. *adj. num.* Nombre de jours nécessaires pour faire le tour du monde dans le roman.

c. *adj. num.* Nombre de jours pour aller de Hong-Kong à Yédo ou de Hong-Kong à Yokohama.

d. *n. m.* Nos aventuriers veulent en faire le tour.

e. *adj. num.* Nombre de jours pour aller de New York à Paris.

f. Nom du maître de Passe-Partout.

La première course automobile

En 1895, une course eut lieu de Paris à Tours (en passant par Versailles, Etampes et Orléans). C'était une course entre les voitures à vapeur et les voitures à essence.

Le départ était donné à 10 h, place de l'Etoile à Paris.
A Versailles, les spectateurs virent arriver en tête le tracteur de Dion-Bouton.
Puis ils virent deux Peugeot et une Panhard.
Amédée Bollée avec sa *Nouvelle*, un omnibus à vapeur datant de 1880, passait ensuite auréolé de panaches de fumée.
Les deux bicyclettes-automobiles fermaient la marche de cette caravane motorisée.
A Etampes, l'avance de Dion-Bouton était de plus d'un quart d'heure.
La vapeur gagnait surtout dans les côtes, le pétrole confirmant son meilleur rendement en palier.
Orléans était atteint à 4 h 34, Blois à 6 h 20 par le pétrole.
Ainsi une voiture mécanique reliait en une demi-journée Paris à Tours, couvrant une distance de 230 km.
C'était la victoire de la voiture à essence.

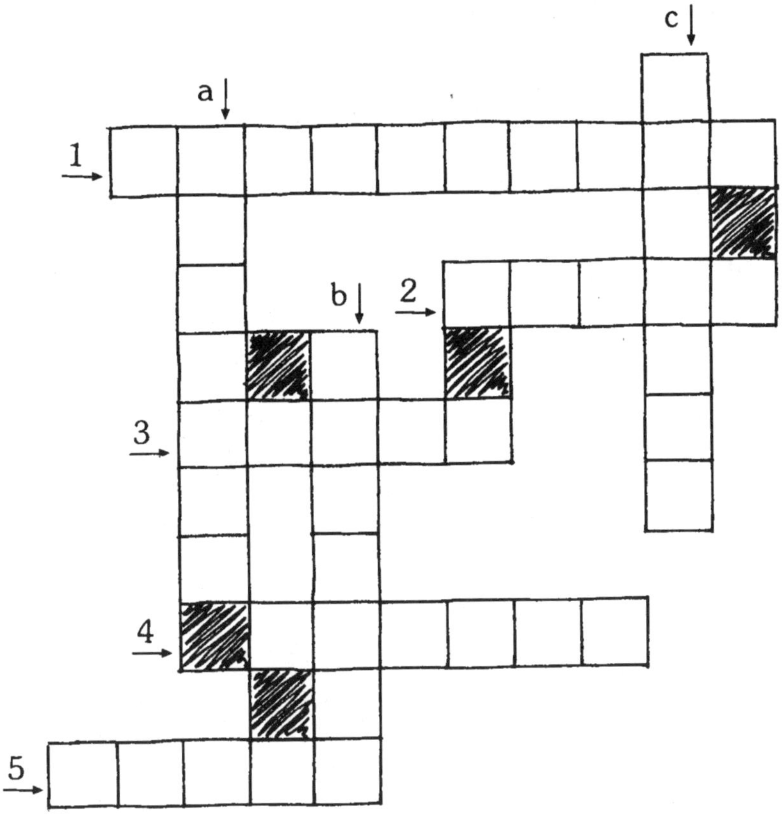

HORIZONTALEMENT

1. Deuxième étape de la course.
2. Arrivée de la course.
3. Départ de la course.
4. *n. f.* Une des énergies utilisées pour faire avancer les voitures.
5. Dernière étape avant l'arrivée.

VERTICALEMENT

a. L'avance de Dion-Bouton se confirma dans cette ville.
b. La première voiture à essence l'atteignit à 4 h 34.
c. *n. m.* A l'époque de la course, on commençait juste à utiliser ce carburant.

Un voyage en ballon

A la fin du XIXe siècle, le vol en ballon prend des allures de promenade...

Les deux baromètres indiquent cinq cents mètres environ, et nous regardons cette Terre que nous quittons, à laquelle nous ne tenons plus par rien et qui a l'air d'une carte de géographie peinte... On entend surtout le bruit des roues sur les routes, le claquement des fouets, le « hue » des charretiers, le roulement et le sifflement des trains, et les rires des gamins qui courent et jouent sur les places. Chaque fois que nous passons sur un village, ce sont des clameurs enfantines qui dominent tout et montent dans le ciel... Des hommes nous appellent ; des locomotives sifflent ; nous répondons avec la sirène qui pousse des gémissements plaintifs, affreux...
Nous nous trouvons en vérité sur Creil. Le spectacle est surprenant ; sur la Terre, il fait nuit et nous sommes encore dans la lumière, à dix heures passées. Maintenant nous entendons les bruits légers des champs, le double cri des cailles surtout, puis les miaulements des chats et les hurlements des chiens. Certes, les chiens sentent le ballon, le voient et donnent l'alarme. On les entend, par toute la plaine, aboyer contre nous et gémir, comme ils gémissent à la lune. Les bœufs aussi semblent se réveiller dans les étables, car ils mugissent...

Guy de Maupassant, *Le Voyage du Horla.*

HORIZONTALEMENT

1. *n. m.* Moyen de transport inventé par Montgolfier.
2. *n. f.* Science qui étudie les pays.
3. *n. m.* Cri aigu et prolongé de certains animaux.
4. *n. f.* Le narrateur la regardait à mesure qu'il s'en éloignait.
5. *n. m.* Bruit produit par un train.

VERTICALEMENT

a. *n. m.* Bruit émis par une locomotive.
b. *n. m. pl.* Les hurlements, sifflements, roulements, en font partie.
c. *n. f. pl.* On les utilise beaucoup en géographie.
d. *n. f. pl.* Dix d'entre elles étaient passées, et pourtant le ballon était toujours dans la lumière.
e. *n. m.* En mesurant la pression de l'air, il indiquait la hauteur du ballon.
f. *n. m.* Unité de longueur.

Au début du xxe siècle, on invente le voyage... sous terre, qui doit permettre de dégager les villes.

Le métro

« On a inauguré, hier, le métro sous la Seine »

L'inauguration officielle de la section de la ligne métropolitaine n° 4 (Porte d'Orléans-Porte de Clignancourt), qui passe sous les deux bras de la Seine, entre la place Saint-Michel et la place du Châtelet, a eu lieu hier après-midi.
Les cartes d'invitation portaient que le départ du train spécial se ferait à deux heures, de la station «Carrefour de l'Odéon», située à l'angle du boulevard Saint-Germain et de la rue Danton.
A l'heure fixée, les invités, assez nombreux, se trouvaient réunis sur le quai, après avoir été reçus, sur le seuil de la station, par les représentants de la municipalité.
Quittant la rue Danton, le train d'inauguration a parcouru, à une allure modérée, la courte distance qui sépare cet endroit de la place Saint-Michel. Après un arrêt pour permettre de considérer l'aspect et l'aménagement de la station établie sous cette place, on est remonté dans les wagons et quelques secondes plus tard, ayant traversé le bras de la Seine, tout le monde débarquait à la station de la «Cité». Le retour s'effectua directement de la «Cité» à la rue Danton.
Ajoutons que la nouvelle ligne sera ouverte au public aujourd'hui, dimanche, à partir de midi.

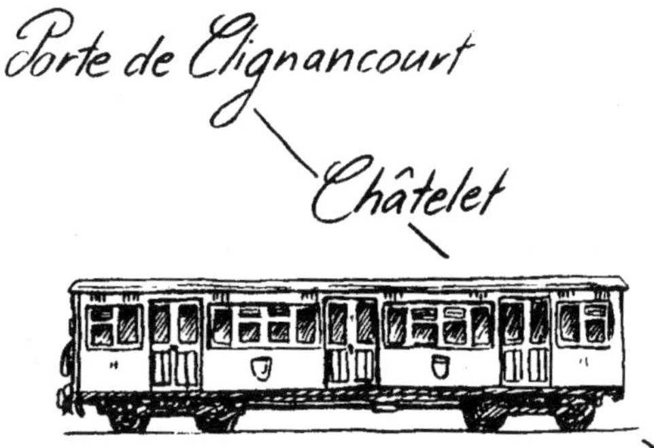

Le Petit Parisien,
9 janvier 1910.

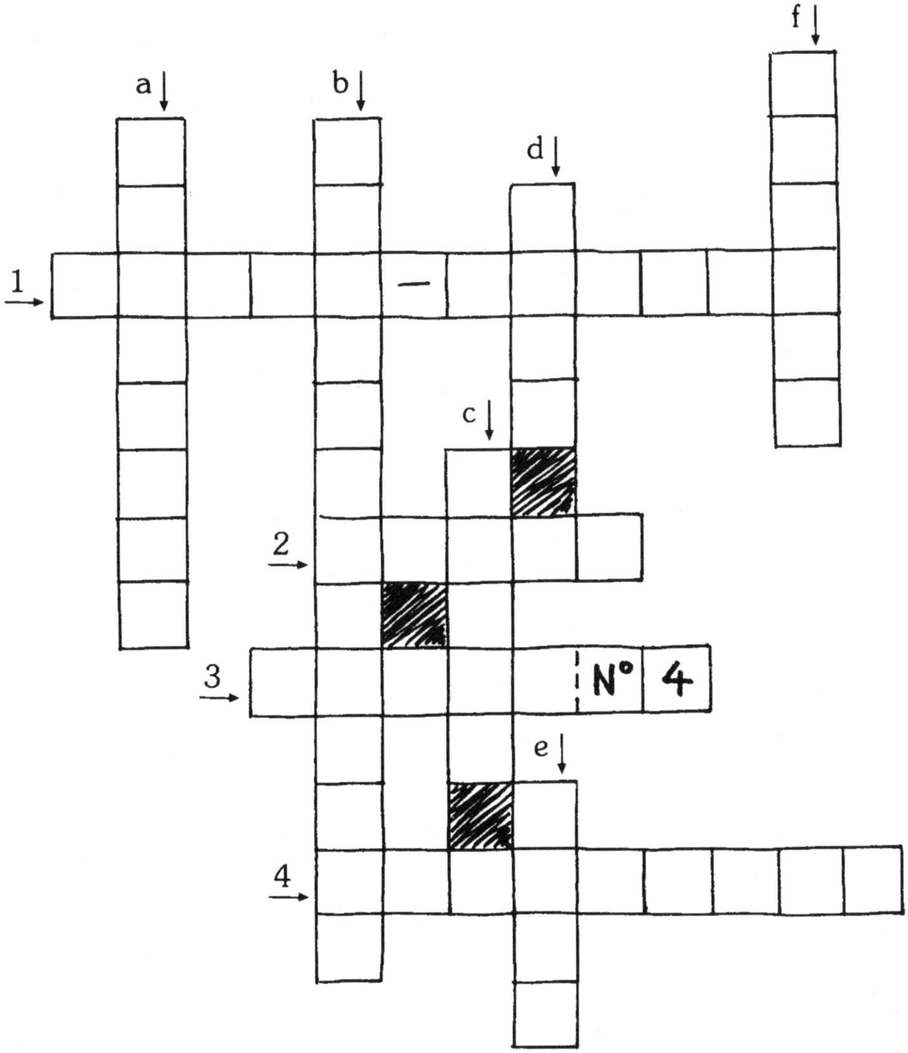

HORIZONTALEMENT

1. Station située entre Odéon et Cité.
2. Station d'où eut lieu le départ du train d'inauguration.
3. *n. f.* Elle relie la Porte d'Orléans et la Porte de Clignancourt.
4. *v.* Fêter l'ouverture au public d'un édifice nouveau.

VERTICALEMENT

a. Station située au nord de Cité.
b. *n. m.* Nom complet du «métro».
c. Grâce au métro, on la traverse sans se mouiller…
d. Station qui se trouve dans l'île de la Cité.
e. *n. m.* Plate-forme pour l'embarquement des voyageurs.
f. *n. m.* Il put utiliser le nouveau métro dès le lendemain de son inauguration.

Le pousse-pousse

Un auteur contemporain[1] raconte la traversée d'une ville chinoise au début du xxe siècle.

Edmée est étalée dans un pousse-pousse, Albert dans un autre. Tous deux roulent de front dans le grincement des roues de bois, tirés par des coolies au torse nu où coule la sueur.
Edmée et Albert, séparés mais côte à côte, avancent dans Shanghai au rythme de leurs chevaux humains, carcasses d'hommes efflanquées et inépuisables qui trottent sans qu'on entende aucune respiration. Albert prend soin de guider les coolies en leur jetant les mots d'un dialecte[2] chinois, sans quoi ils iraient éternellement vers nulle part.
Les coolies trottent toujours jambes-chenilles.
Les voilà arrivés.
Un Albert plein de lui, radieux, entreprend en homme fort et sûr de faire ralentir ces robots en guenilles... Enfin ils s'arrêtent, ruisselants, haletants, exagérant leur épuisement dans l'espoir de recevoir plus.
Albert leur jette quelques sapèques qui tombent sur le sol gadouilleux.

1. Qui est de notre époque.

2. Langue parlée dans une région d'un pays.

Lucien Bodard,
Anne-Marie, Grasset, 1981.

HORIZONTALEMENT

1. *n. f.* Ancienne monnaie chinoise.
2. *adj.* Qui ruisselle.
3. *adj. pl.* Qui ne se fatiguent jamais.
4. *n. f.* Synonyme de «transpiration».
5. *n. m.* L'effort des coolies y faisait couler la sueur.

VERTICALEMENT

a. *n. m.* Porteur chinois.
b. *adj.* Contraire de «habillé».
c. *v.* Courir à petits pas rapides, comme un cheval.
d. *n. m.* Voiture légère tirée par des coolies.
e. *adj.* Qui halète.
f. *v.* Lancer.
g. Ville de l'est de la Chine.
h. *n. m. pl.* Les coolies sont comparés à ces «machines».

Mythologie
IVe
IIIe
IIe
Ie
Avant JC
Après JC
Ie
IIe
IIIe
IVe
Ve
VIe
VIIe
VIIIe
IXe
Xe
XIe
XIIe
XIIIe
XIVe
XVe
XVIe
XVIIe
XVIIIe
XIXe
XXe

Le naufrage du Titanic

En 1912, un immense paquebot très moderne fit naufrage après avoir heurté un iceberg. C'était son premier voyage. Une des rescapées raconte.

« Ma mère, ayant l'intuition que quelque chose de grave allait se passer, avait pris l'habitude de dormir le jour et de rester éveillée et habillée la nuit.
Le choc du paquebot avec l'iceberg fit dans son côté une déchirure de quatre-vingt-dix mètres. Les passagers du côté opposé ne le ressentirent pas très fort.
Cependant, réveillant mon père, ma mère, inquiète, lui demanda d'aller voir sur le pont ce qui se passait. Il revint très vite, m'enveloppa dans une couverture et nous montâmes tous sur le pont.
Les chaloupes ne furent pas mises tout de suite à la mer, car le capitaine était persuadé que son navire était insubmersible. La gîte s'accentuait. Le bateau coulait. Ma mère et moi fûmes hissées dans une chaloupe par mon père qui périt, étant resté à bord. »

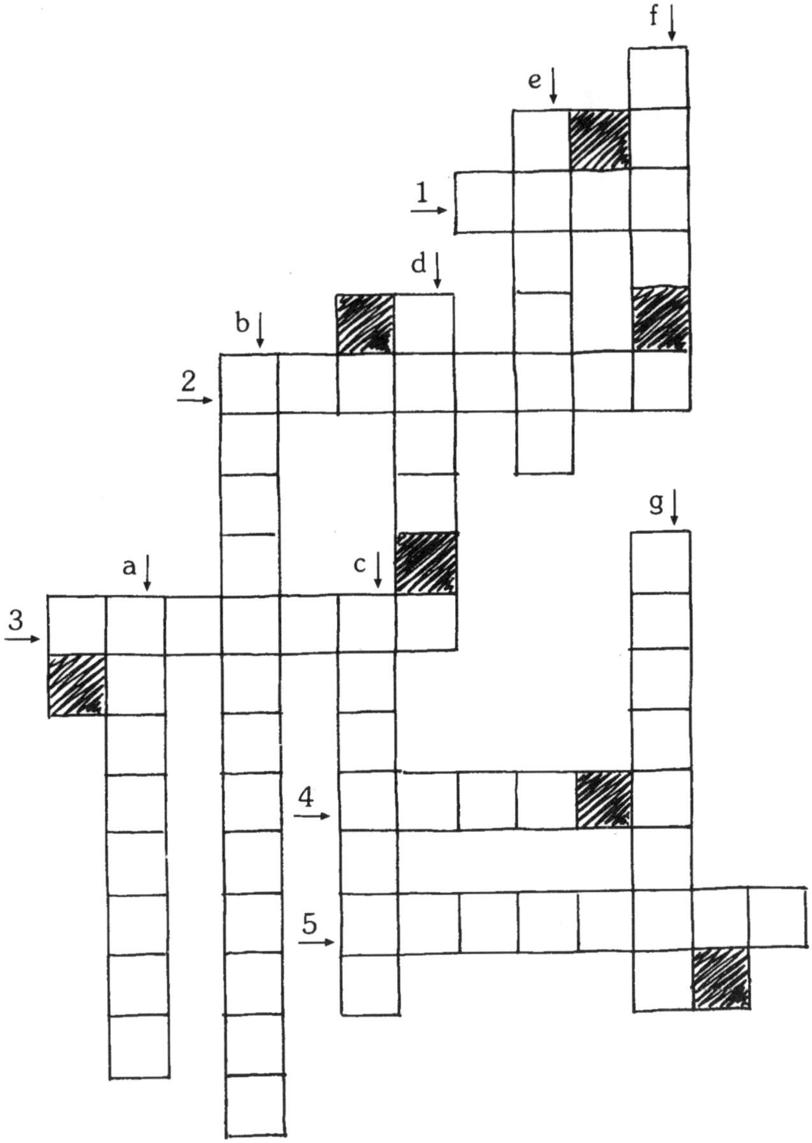

HORIZONTALEMENT

1. *n. m.* Partie supérieure d'un navire.
2. *adj.* Synonyme de «anxieuse».
3. *n. m.* Montagne de glace sur la mer.
4. *n. m.* Heurt violent du *Titanic* avec l'iceberg.
5. *n. m.* Personne qui voyage sur un navire.

VERTICALEMENT

a. *n. f.* Canot de sauvetage fixé sur le pont.
b. *adj.* Qui ne peut pas chavirer.
c. *n. m.* Personne sauvée.
d. *n. f.* Elle suit et précède le jour.
e. *v.* S'enfoncer dans l'eau.
f. *n. f.* Inclinaison d'un bateau.
g. *n. m.* Perte d'un bateau.

Premier survol de l'Atlantique

L'aviateur américain Charles Lindbergh qui, en 1927, réussit le premier à franchir l'Atlantique, fait lui-même le récit de son arrivée à Paris.

Je venais à peine de couper l'allumage quand ma carlingue fut assaillie par les premiers spectateurs. En un instant, ceux-ci se grossirent d'une foule considérable. Mon nom était crié indéfiniment de mille bouches. Je sentis le *Spirit of Saint-Louis*[1] frémir sous la pression de la foule. Il fallait préserver mon appareil des graves dommages qui le menaçaient.

– Y a-t-il des mécaniciens ici ? demandai-je. Je ne pus comprendre un seul mot de la réponse qui me fut faite par une demi-douzaine de gens.

– Quelqu'un parle-t-il anglais ? criai-je.

Toute réponse était rendue impossible par le vacarme...

J'ouvris la porte et avançai le pied. Mais des douzaines de mains m'avaient saisi par le corps. Hissé par des milliers de bras, je me trouvai en position couchée au-dessus de la foule... Nous entrâmes dans un grand hangar où je fus emmené par mes admirateurs enthousiastes.

1. Nom de l'avion de Lindbergh.

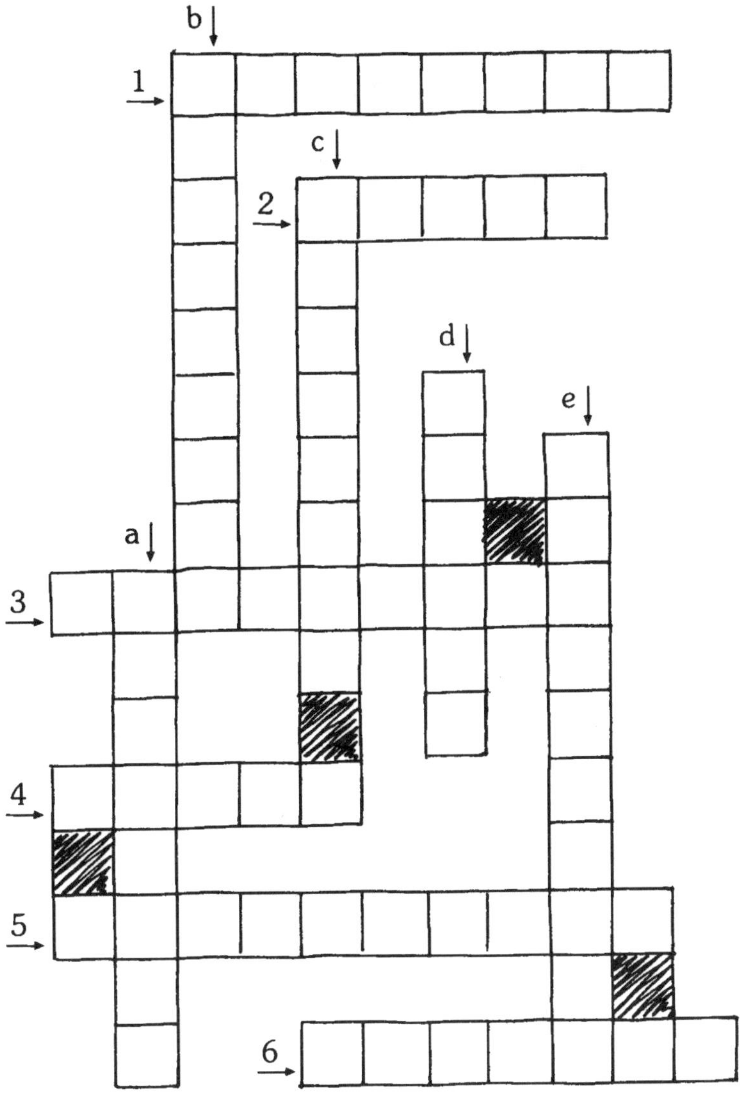

Mythologie
IVe
IIIe
IIe
Ie
Avant JC
Après JC
Ie
IIe
IIIe
IVe
Ve
VIe
VIIe
VIIIe
IXe
Xe
XIe
XIIe
XIIIe
XIVe
XVe
XVIe
XVIIe
XVIIIe
XIXe
XXe -1927

HORIZONTALEMENT

1. *n. m.* Le pilote le coupe après avoir atterri.
2. *n. f.* Ensemble de très nombreuses personnes.
3. *n. f.* Partie habitable de l'avion.
4. Capitale où a atterri Lindbergh.
5. *n. m.* Personne qui répare et entretient les avions.
6. *n. m.* Très grand bruit.

VERTICALEMENT

a. *n. m.* Synonyme d'«avion».
b. *v.* Prendre d'assaut.
c. *v.* Traverser l'Atlantique.
d. *n. m.* Lieu où l'on gare l'avion.
e. *n. m.* Personne qui contemple un spectacle.

Promenade en automobile

L'auteur se souvient de la première voiture achetée par son père : un véritable événement pour la famille...

Nous partîmes de bon matin. L'auto resplendissait... Seul derrière, je ne cachais pas mon enthousiasme pour mon père qui conduisait à trente kilomètres à l'heure. (...)
Il se rappela alors qu'il connaissait un raccourci qui nous mènerait plus rapidement à Bayon. L'auto s'y engagea. C'était un chemin vicinal très mal entretenu.

– Ça au moins, dit mon père, c'est de la voiture. Ça passe partout ! En 18, les chars d'assaut Renault ne faisaient pas mieux.
Ma mère se laissait gagner par notre joie. Elle était fière des housses qu'elle avait confectionnées elle-même et qui enveloppaient si bien les sièges. (...)
Le voyage se serait poursuivi de la sorte si la situation n'avait gravement empiré, le chemin vicinal devenant de plus en plus impraticable. Il restait une côte à franchir, mais il avait plu la veille et les roues glissaient sur l'argile mouillée. (...)
Mon père descendit en relevant le bas de son pantalon noir. Il essaya de pousser la voiture par-derrière, mais ce fut lui qui glissa et je le vis se redresser, les mains pleines de boue... (...)
Près de nous, à demi caché par la pente du terrain, un paysan labourait en guidant son attelage de la voix. Mon père le regarda et tout d'un coup partit en courant dans sa direction. Je les vis parler ensemble et, au bout de quelques instants, ils revinrent avec les bœufs pour tirer l'auto. Nous étions sauvés...

Jean L'Hôte,
La Communale,

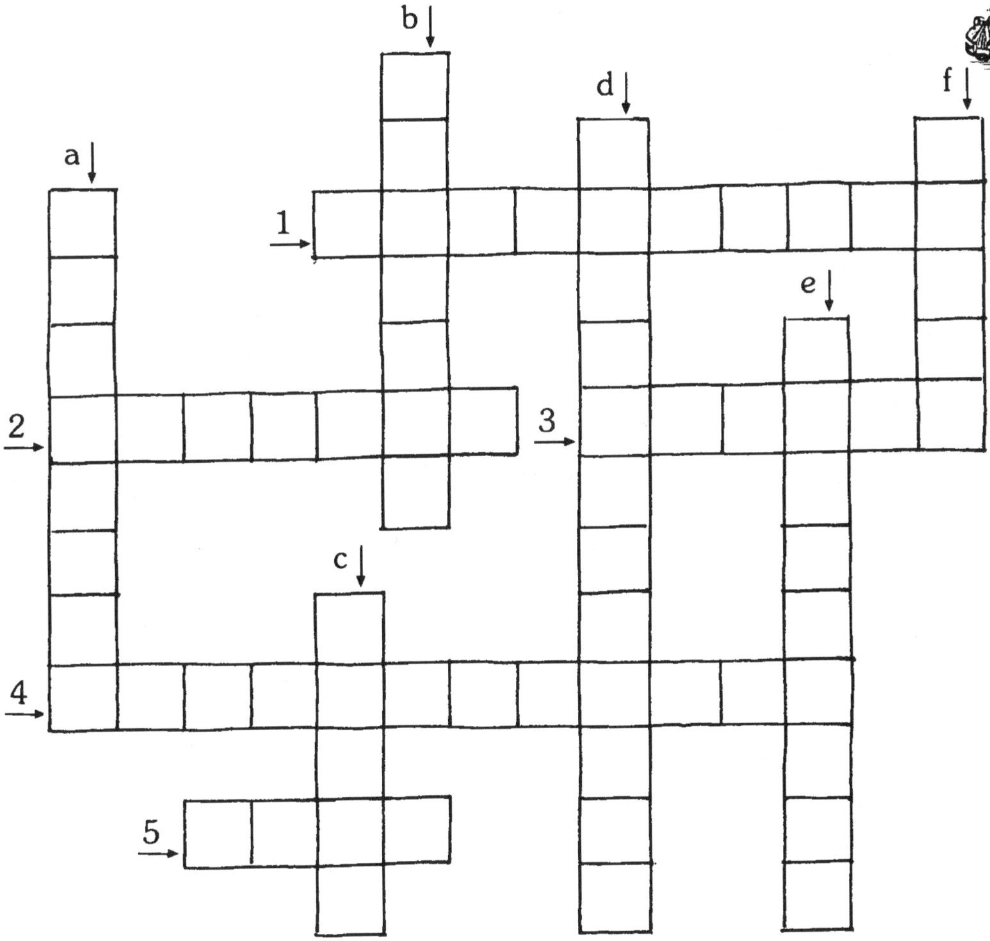

HORIZONTALEMENT

1. *n. f.* «Auto» est son diminutif.
2. *v.* Synonyme de «introduire».
3. *n. f.* Terre imperméable à l'eau.
4. *n. m.* Grande joie.
5. *n. f.* Mélange de terre et d'eau.

VERTICALEMENT

a. *n. m.* Ce que guide le paysan.
b. *n. f. pl.* Enveloppes qui protègent les sièges.
c. *n. m.* Animal qui tire l'attelage du paysan.
d. *adj.* Où l'on ne peut pas passer.
e. *n. m.* Unité de mesure pour une distance (1 000 m).
f. *n. f.* Inclinaison de terrain.

La croisière jaune

En 1932, une quarantaine d'hommes et quatorze automobiles à chenilles vont établir une liaison entre la Méditerranée et la mer de Chine, traversant l'Asie.

Neuf septembre. Des cailloux. Et la route monte. Et plus ça monte, plus les cailloux sont gros. Il paraît que c'est une route chinoise. Il est vrai que les charrettes peuvent à la rigueur passer par là parce qu'elles sont hautes sur pattes et que leur essieu est à un mètre du sol, mais pour nous, c'est une autre affaire.

Dix septembre. Des soldats à présent. Notre contrôleur fait la causette avec un officier.

– Si vous passez par Karachar, vous aurez du mal avec vos « charrettes », dit l'officier chinois.

Onze septembre. Notre guide chinois nous fait faire un long détour pour éviter les marécages, mais il faut quand même les traverser en partie. Si les chenilles passent facilement, les remorques à roues s'enfoncent jusqu'au plateau de leur carrosserie. En les tirant de là, nous sortons des tonnes de boue. A Karachar, grand étonnement de la population. Les Mongols se jettent sur nous comme une volée de moineaux. Ils n'ont jamais vu d'autos.

Quatorze septembre. Les autorités nous laissent passer. Tout irait bien s'il ne fallait pas traverser une rivière. Trois jours pour réparer le bac, construire un appontement et continuer l'aventure.

Georges Le Fèvre.

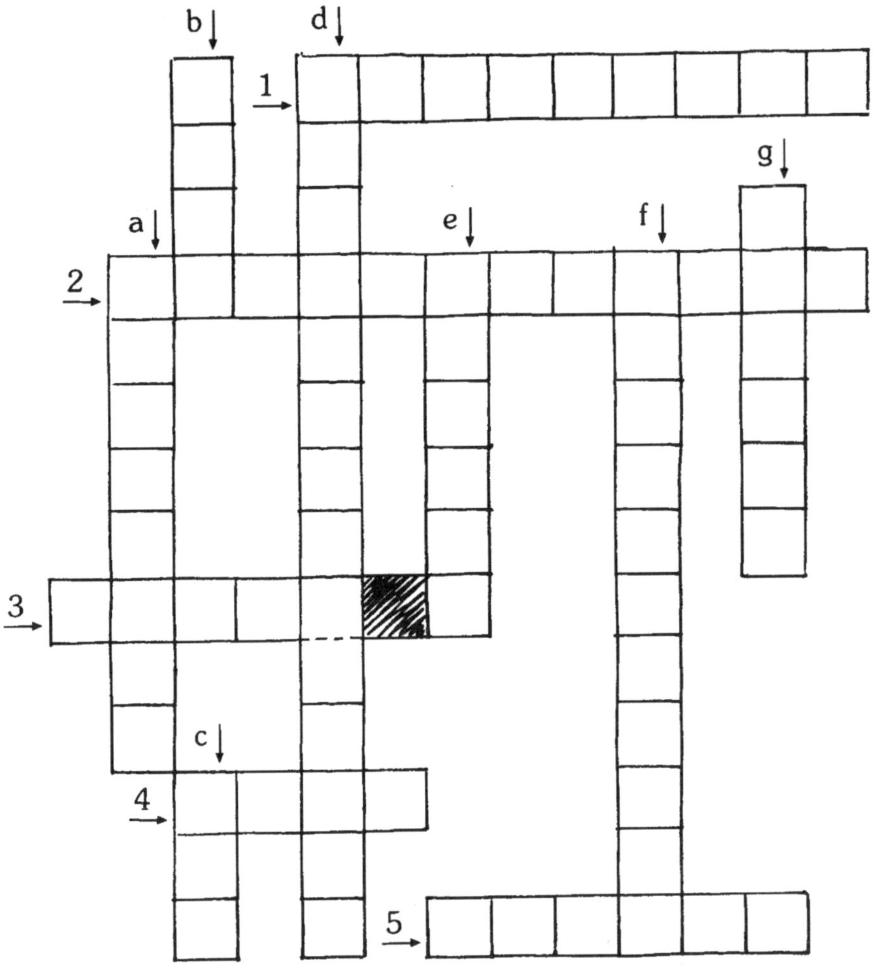

HORIZONTALEMENT

1. *n. f. pl.* Sorte de courroie de métal autour des roues des automobiles.
2. *n. f.* Mer d'où partit la croisière jaune.
3. *adj.* Féminin de «haut».
4. *n. f.* Mélange de terre et d'eau.
5. *v.* Inverse de «descendre».

VERTICALEMENT

a. *n. m.* Lieu où s'étendent des marais.
b. *n. f.* Continent traversé par la croisière jaune.
c. *n. m.* Bateau à fond plat servant à passer un cours d'eau.
d. Nom de l'expédition.
e. *n. m.* Longue pièce placée sous la caisse d'une voiture et qui relie les roues.
f. *n. m.* Plate-forme le long de laquelle un bateau vient se ranger pour l'embarquement.
g. *n. m.* Tracé de la route qui s'écarte du droit chemin.

Six hommes sur un radeau

En 1947, six jeunes Norvégiens traversent l'océan Pacifique sur un radeau, le Kon-Tiki. *Ils veulent prouver que ce voyage a été fait 1 500 ans auparavant par des Indiens du Pérou.*

Neuf des plus gros troncs formèrent le radeau même. Ils furent reliés par des cordes, et non par du fil de fer ou par des clous.
Nous plaçons sur le radeau un pont de bambou fendu, recouvert de nattes en jonc tressé. Vers le milieu du radeau, nous construisons une petite cabine de bambou ; d'épaisses feuilles de bananier servent de toit. En avant de la cabine, nous dressons deux mâts côte à côte.
Autour du radeau, nous n'avons pas de rebord, ou bastingage, pour nous protéger ; mais nous plaçons de chaque côté un long tronc de balsa.

Maintenant, le radeau flotte sur l'océan...

Depuis quinze jours, nous avons parcouru cinq cents milles[1]. Une forte tempête s'est levée pendant cinq jours et cinq nuits, nous avons lutté au gouvernail pour nous maintenir en direction. Il faut être constamment deux pour manier l'énorme aviron. Nous n'aurions jamais cru que notre radeau aurait flotté aussi magnifiquement. Il est docile aux lames[2] les plus menaçantes.
La partie centrale est toujours à sec. Nous sommes très bien à l'intérieur de notre hutte de bambou. Nous passons notre temps à lire et à étudier.

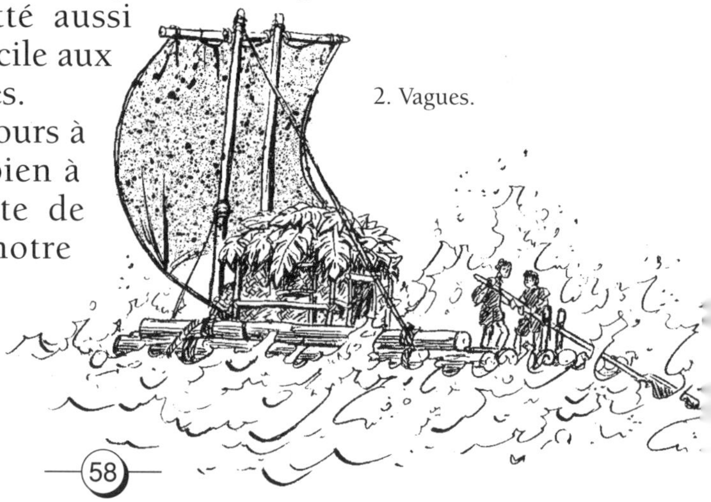

Bengt Lanielsson

1. Mesure de distance utilisée dans la marine.

2. Vagues.

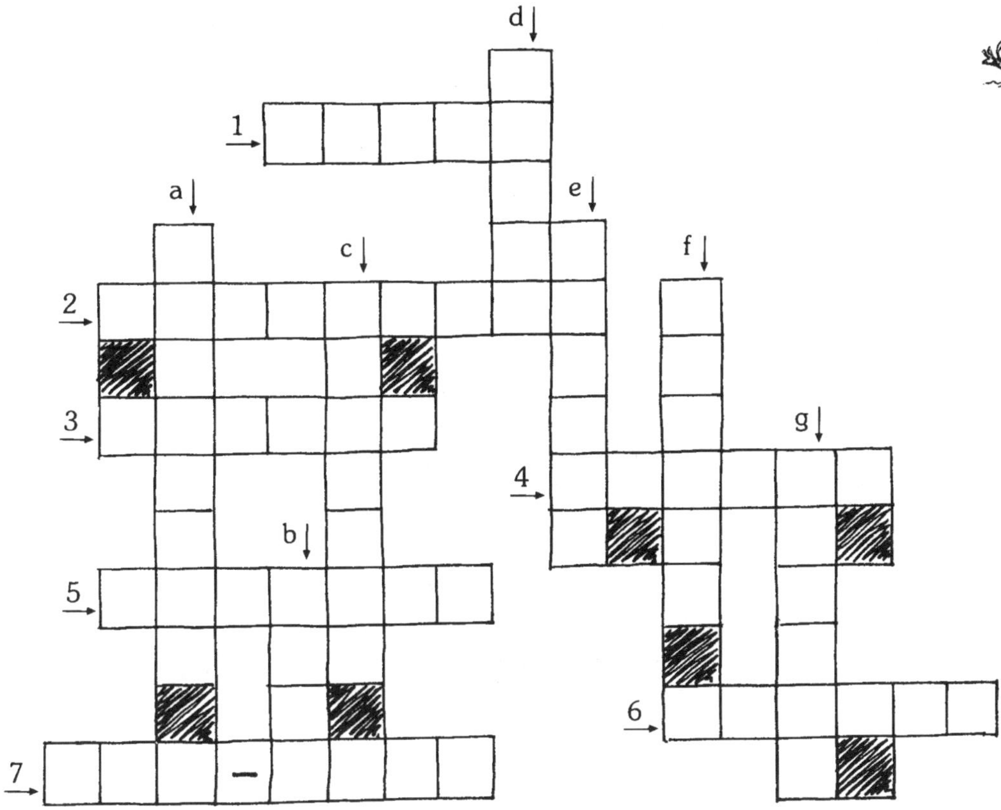

HORIZONTALEMENT

1. *n. f.* Cabane de bambou qui servait de cabine sur le *Kon-Tiki*.
2. *n. m.* Nom de l'océan que les six Norvégiens décidèrent de traverser.
3. *n. m.* Les troncs de cette plante furent utilisés pour faire le pont.
4. *n. m.* Embarcation faite de troncs assemblés.
5. *n. f.* Vent très violent.
6. *n. m. pl.* Les six Norvégiens en utilisèrent neuf pour former le radeau.
7. Nom du radeau.

VERTICALEMENT

a. *n. m.* Plante dont le fruit est la banane.
b. *n. m.* Celui du *Kon-Tiki* était fait de bambou fendu.
c. *v.* Rester à la surface de l'eau sans couler.
d. Pays d'Amérique du Sud d'où se fit le départ.
e. *n. m.* Bordure du bateau ou bastingage.
f. *n. f. pl.* Elles servirent à relier les troncs du radeau.
g. *n. m.* Grande rame qu'il fallait tenir à deux sur ce radeau.

Mythologie
IVe
IIIe
IIe
I^{e}
Avant JC
Après JC
I^{e}
IIe
IIIe
IVe
V^{e}
VIe
VIIe
VIIIe
IXe
X^{e}
XIe
XIIe
XIIIe
XIVe
XVe
XVIe
XVIIe
XVIIIe
XIXe
XXe-1947

Le marinier d'eau douce

Un auteur décrit le calme et la tranquillité d'un voyage sur les canaux. On allait à deux ou trois kilomètres à l'heure…

C'est toujours un pittoresque spectacle de voir, sur les eaux tranquilles d'un canal, entre les berges verdoyantes et le double rideau de peupliers, glisser doucement et silencieusement le lourd bateau chargé jusqu'au bord. Singulière existence que celle du marinier ! Toujours en voyage, jamais pressé d'arriver, il passe de fleuve en fleuve et de canal en canal. Il franchit les grandes villes le long des quais, sous les ponts, entrevoit les maisons, la foule affairée, mouvante..., puis le voilà revenu dans les vastes plaines herbeuses, parmi les champs où les moissons ondulent, ou bien aux solitudes des défilés rocheux, vers les seuils de passage et la ligne de séparation des eaux.

Voyez, à l'arrière de la barque, la petite cabine de bois, avec sa porte, sa fenêtre, son tuyau de poêle : c'est le foyer errant du batelier, la maisonnette du patron. Sa femme et ses enfants y demeurent. Ont-ils quelque aisance? la barque est bien peinte et coquette ; il y a des fleurs aux fenêtres et parfois un tout petit jardinet à côté, un jardin flottant, un parterre qui se promène.

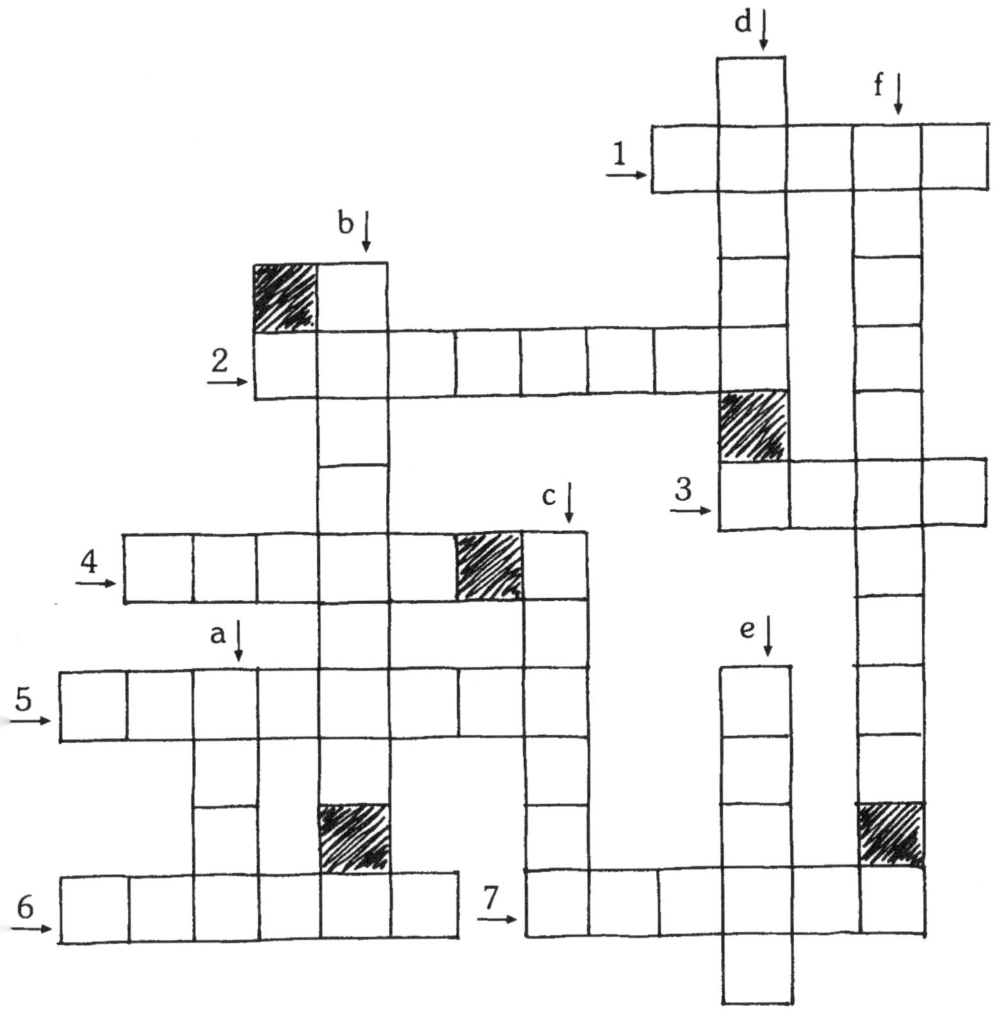

Mythologie
IVe
IIIe
IIe
Ie
Avant JC
Après JC
Ie
IIe
IIIe
IVe
Ve
VIe
VIIe
VIIIe
IXe
Xe
XIe
XIIe
XIIIe
XIVe
XVe
XVIe
XVIIe
XVIIIe
XIXe
XXe

HORIZONTALEMENT

1. *n. m. pl.* Le bateau passe dessous.
2. *n. m.* Synonyme de «batelier».
3. *n. f. pl.* Celles d'un canal sont tranquilles.
4. *n. m.* Entrée d'une maison, d'un passage.
5. *adj.* Féminin de «coquet».
6. *adj.* Recouverte de peinture.
7. *adj.* Qualifie le foyer du batelier, toujours en voyage.

VERTICALEMENT

a. *n. m.* Voie aménagée le long d'un fleuve ou d'un canal.
b. *n. m.* Petit jardin.
c. *n. m.* Grand cours d'eau.
d. *n. m.* Lieu où vit la famille.
e. *n. m.* Cours d'eau construit par l'homme.
f. *adj.* Synonyme de «paisible».

Dans le cosmos

En 1969, «on a marché sur la lune» !
Alexeï Leonov, un des premiers cosmonautes, raconte son extraordinaire voyage.

Quel spectacle fantastique ! Je regarde les étoiles autour de moi. Elles sont immobiles. Le soleil semble cousu sur le velours du ciel. Devant mes yeux, seule, la Terre bouge. J'ai l'impression de rester sur place pendant que la Terre se déplace... Ma plus merveilleuse impression m'est venue de l'immensité de l'espace, dans lequel je volais librement, comme un oiseau... Le scaphandre me gêne très peu dans mes mouvements. Je ne suis pas exigeant envers lui, car il me semble qu'il fait partie de moi-même. Je peux m'éloigner hors du vaisseau, aller à sa gauche, à sa droite, derrière lui, je peux même voler devant lui, le devancer. Les parois du vaisseau ne me retiennent pas prisonnier, je ne suis pas dans un lieu fermé. C'est un état merveilleux : on se « promène » là-haut comme chez soi.

Alexeï Leonov, paru dans *Historia*, n° 232.

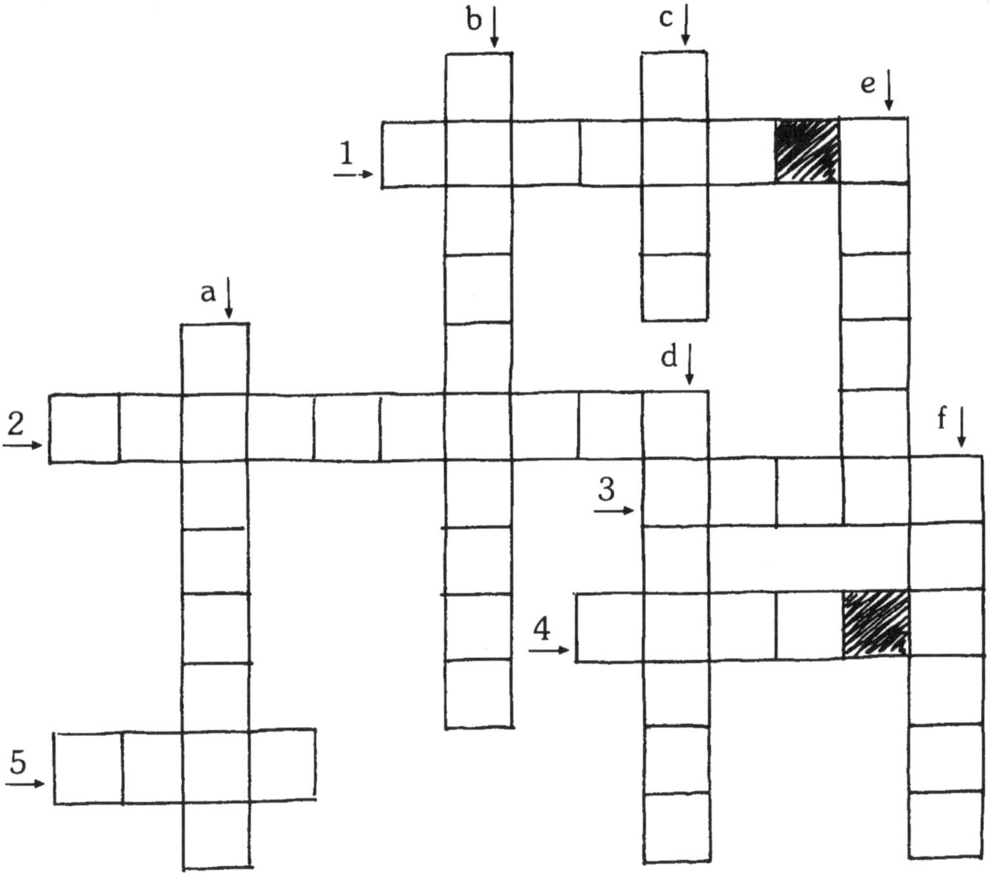

HORIZONTALEMENT

1. *n. m.* Espace extraterrestre.
2. *n. m.* Vêtement étanche pour aller dans l'eau ou l'espace.
3. *n. f.* Planète habitée par l'homme.
4. *n. m.* Lieu où se situent le soleil et les étoiles.
5. *n. m.* Manière d'être.

VERTICALEMENT

a. *n. m.* Véhicule de l'espace.
b. *n. m.* Voyageur du cosmos.
c. *prép.* A l'extérieur.
d. *n. f. pl.* Elles sont dans le ciel.
e. *loc. prép.* Position des étoiles par rapport au cosmonaute.
f. *n. m.* Milieu extraterrestre (synonyme de «cosmos»).

La moto est un véhicule de notre temps par excellence. Sa conduite demande toutefois une parfaite habileté.

Le motocross

Quarante-cinq motos sont alignées, guidon contre guidon, derrière une barre placée à une trentaine de centimètres du sol. Les moteurs hurlent. Les pilotes sont concentrés : le corps penché en avant, le regard fixé sur la barre, ils sont prêts. La barre s'abaisse et c'est l'envolée. Instantanément quarante-cinq motos se cabrent et bondissent en avant. Tout le poids du pilote porté sur le guidon n'empêche pas la roue avant de se soulever. On assiste ainsi à la ruée vers le premier virage. Freinage au dernier moment : il n'y a pas de place pour tout le monde, mais tous foncent dans le virage et... généralement tout se passe bien. Le peloton s'étire sans que les guidons s'accrochent. La première difficulté négociée, on peut suivre un festival de sauts, d'accélérations, de freinages, de dérapages. Les motos sont menées à la limite, à un train infernal. Et cela dure souvent le temps de deux manches de quarante-cinq minutes !... On reste béat d'admiration devant la maîtrise qu'affichent les champions de motocross. On se demande souvent comment ils peuvent mener leur moto à une telle allure sans commettre la moindre erreur.

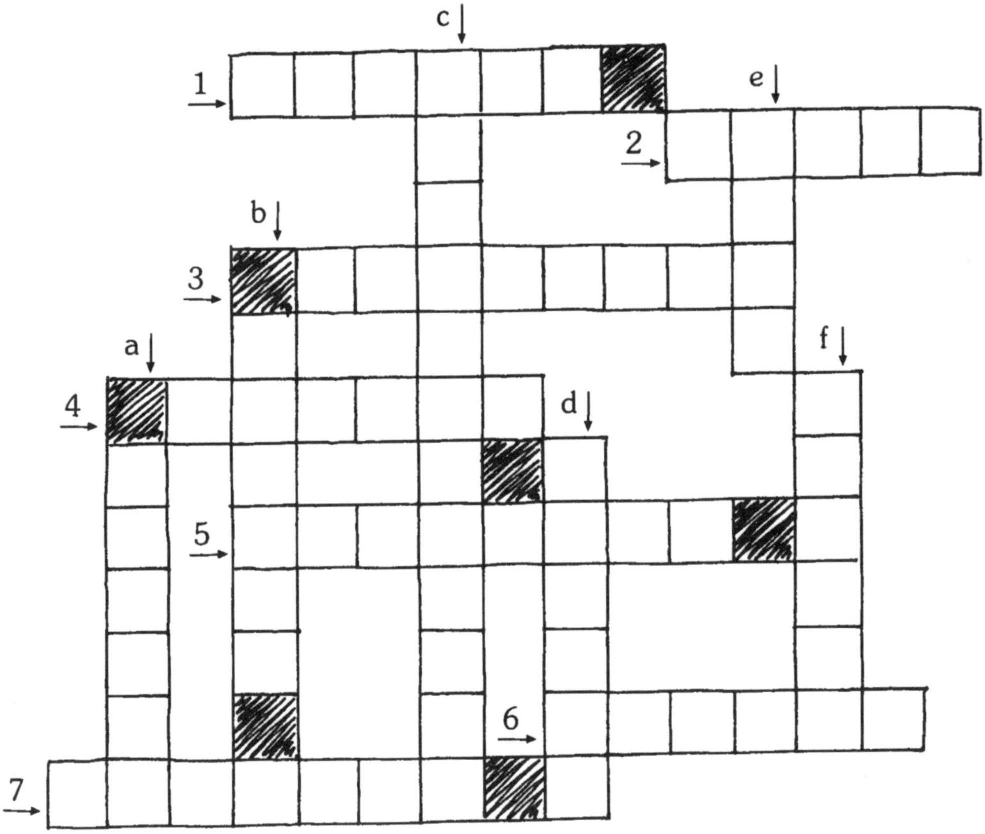

HORIZONTALEMENT

1. *n. m.* Tournant d'une route.
2. *adj. pl.* «A vos marques ! ... ? Partez !»
3. *n. m.* Action de freiner.
4. *v.* Aller très vite.
5. *n. m.* Action de déraper.
6. *v.* Crier de toutes ses forces.
7. *n. m.* Groupe de motos.

VERTICALEMENT

a. *n. f.* Vitesse à ne pas dépasser.
b. *v.* Faire des bonds.
c. *n. f.* Action d'accélérer.
d. *n. f.* Elle dure quarante-cinq minutes.
e. *n. f.* Précipitation vers le premier virage.
f. *n. f.* Vitesse.

Cinq fois plus rapide que Colomb

Navigateur de la course au grand large, Philippe Poupon refait, cinq siècles plus tard, le voyage de Christophe Colomb.

En reliant Palos de la Frontera (Espagne) à San Salvador (Bahamas) en 12 jours 21 heures 21 minutes et 17 secondes, Philippe Poupon et son catamaran *Fleury-Michon VII* se sont montrés bien plus rapides que Christophe Colomb et sa caravelle *Santa Maria* qui avaient mis 69 jours et 18 heures pour faire le même parcours en 1492. Cette performance du navigateur français ne lui assure pourtant pas la victoire dans la Route de la découverte, dont l'arrivée devrait être jugée à Saint-Domingue ce lundi 17 décembre ou au plus tard le lendemain.

A moins de 500 milles de l'arrivée, *Fleury-Michon VII* et son *sistership* (bateau jumeau) *Charente-Maritime-2*, de Pierre Follenfant, ont navigué à vue dans la journée du dimanche 16. Comme la récente Transat Québec-Saint-Malo, la Route de la découverte devrait donc se terminer par une belle régate[1] pour la première place. La journée de dimanche a également été marquée par le chavirage du trimaran *Pour Médecins sans frontières* de Jean-Yves Terlain, sans doute à cause de la rupture d'un flotteur. Le skipper et ses quatre équipiers ont pu être rapidement récupérés sains et saufs par un superpétrolier japonais.

1. Course de bateaux à voiles ou à l'aviron.

Le Monde,
18 décembre 1984.

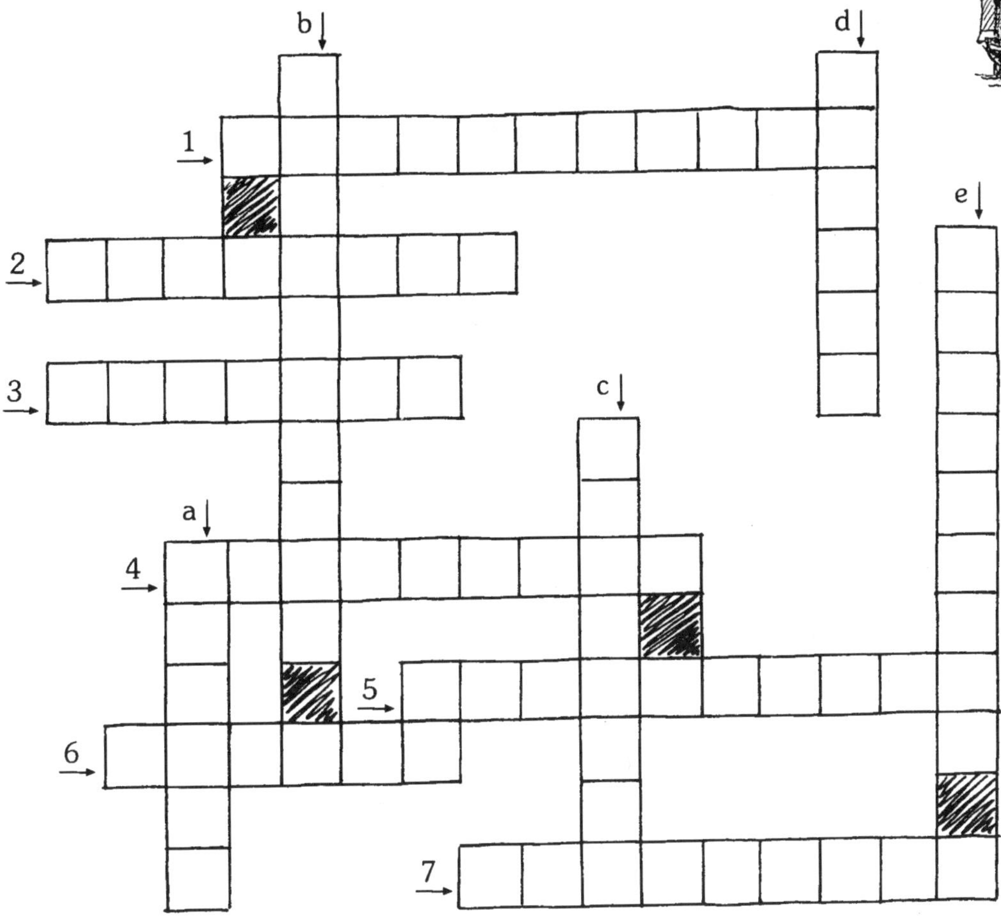

HORIZONTALEMENT

1. *n. f.* Synonyme de «exploit».
2. *n. m.* Trajet.
3. *n. f.* C'est à Saint-Domingue qu'elle devait avoir lieu.
4. *n. m.* Bateau à deux coques.
5. *n. m.* C'est le métier de Philippe Poupon.
6. Nom du marin qui a réalisé le même parcours que Ch. Colomb.
7. *n. f.* Bateau de Ch. Colomb.

VERTICALEMENT

a. Il découvrit l'Amérique en 1492.
b. *n. f.* Ch. Colomb en fit une lorsqu'il parvint en Amérique.
c. *v.* C'est ce qui arriva au trimaran de J.-Y. Terlain.
d. *n. f.* Course entre plusieurs bateaux.
e. *n. m. pl.* Ils aident le skipper à bord du bateau.

Franchir le mur du son

Paris,
le 9 octobre 1992.
Un Concorde d'Air France s'apprête à battre le record mondial de vitesse pour un vol autour du monde.

Un Concorde d'Air France relève le défi de battre le record du monde de vitesse autour de la Terre, à l'occasion du cinq centième anniversaire de la découverte de l'Amérique par Christophe Colomb. Ce vol autour du monde, lancé par l'avocat américain Donald L. Pevsner, président de Concorde Spirit Tours, a été baptisé, pour l'occasion, vol AF 1492.
Il quittera Lisbonne le 12 octobre à 8 h 00, heure locale, pour y atterrir, 33 heures et 55 minutes plus tard, le lendemain à 17 h 55. Le Concorde d'Air France effectuera un périple de 40 402 kilomètres en 24 heures et 55 minutes de vol, dont 24 heures et 10 minutes à vitesse supersonique et fera successivement escale à Saint-Domingue, Acapulco, Honolulu, Guam, Bangkok et Bahrein.

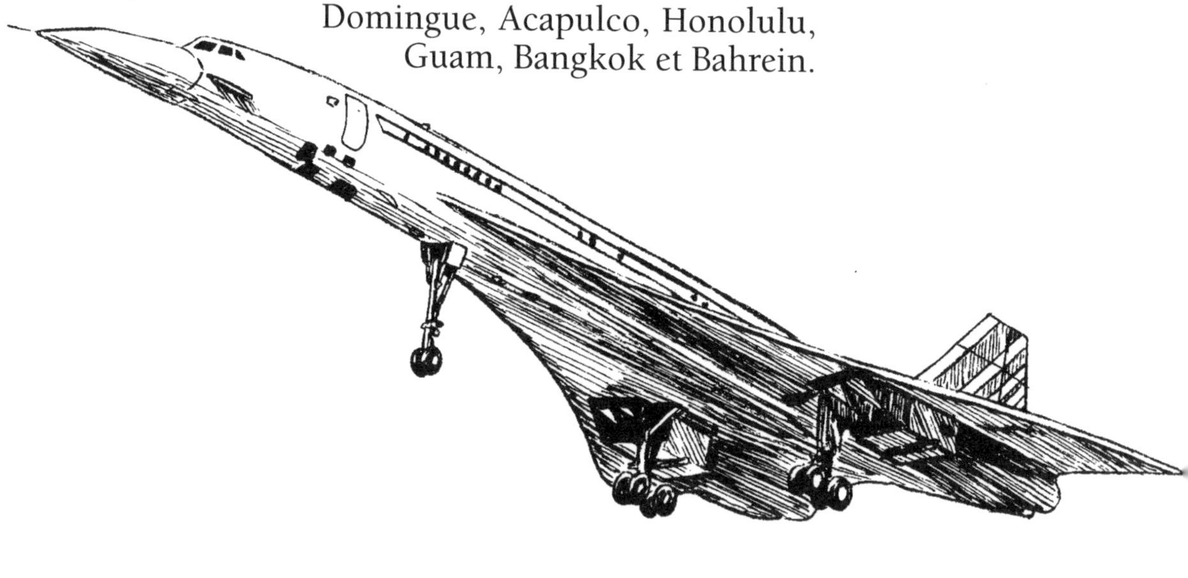

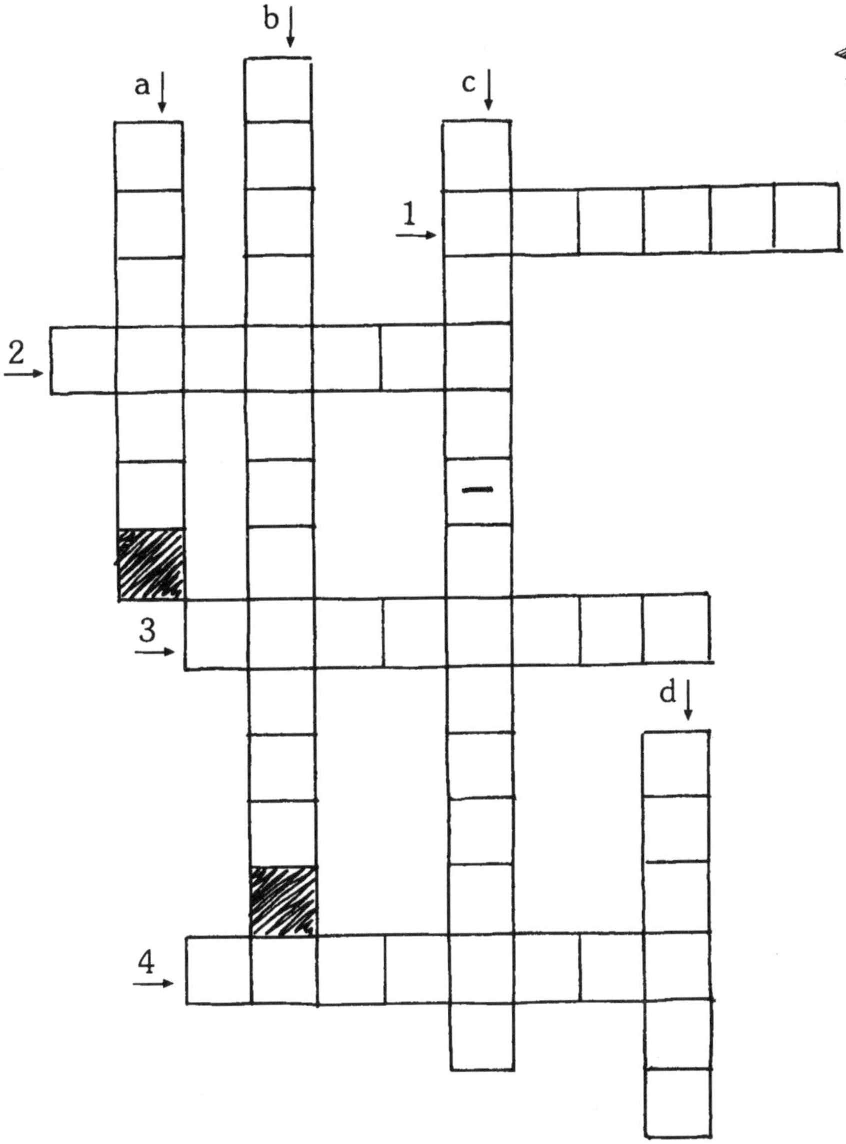

Mythologie
IVe
IIIe
IIe
Ie
Avant JC
Après JC
Ie
IIe
IIIe
IVe
Ve
VIe
VIIe
VIIIe
IXe
Xe
XIe
XIIe
XIIIe
XIVe
XVe
XVIe
XVIIe
XVIIIe
XIXe
XXe-1992

HORIZONTALEMENT

1. Nom du vol du Concorde.
2. Dernière escale (île de la péninsule Arabique).
3. Départ du vol (capitale du Portugal).
4. Deuxième escale (Mexique).

VERTICALEMENT

a. *n. f.* Arrêt pour le ravitaillement.
b. *adj.* Se dit d'une vitesse supérieure à celle du son.
c. Capitale de la République dominicaine.
d. *n. m.* Exploit qui dépasse ce qui a été fait précédemment.

Le conducteur de TGV

En cette fin de XXe siècle, la vitesse continue de fasciner les hommes, qui ne cessent d'améliorer leurs performances.

Le train démarre sans bruit.
Puis décolle : deux cent cinquante, deux cent quatre-vingts, trois cents kilomètres à l'heure ; il tranche dans le brouillard imperturbable.
A chacun sa course !
L'agent de conduite, lui, contrôle sa vitesse, prêt à se faire hara-kiri pour un poil de retard. C'est une affaire d'honneur...
Ses voltmètres et ses manomètres, il les surveille avec la concentration d'un chef cuistot : une pression toutes les cinquante-cinq secondes sur le volant, une sonnerie stridente pour contrôler sa vigilance et une sirène qui se déclenche au moindre relâchement. Sa supériorité, il la savoure en longeant des autoroutes où les voitures font du surplace. Il n'a pas que des copains. Désormais, les vaches l'ignorent avec un mépris magnifique.

C. Scemama,
L'Express, 19 mai 1993.

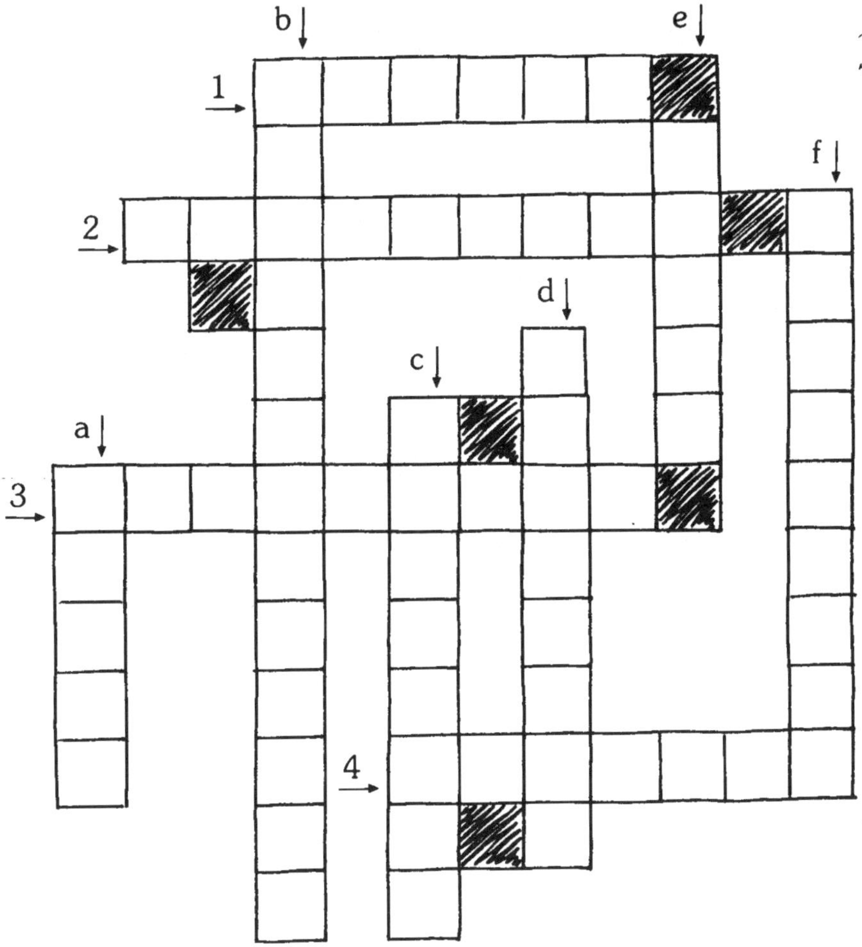

HORIZONTALEMENT

1. *n. f.* Action de courir.
2. *n. m.* Appareil qui mesure la pression d'un gaz.
3. *n. m.* Appareil qui mesure les volts.
4. *v.* Contraire de «atterrit».

VERTICALEMENT

a. *n. f.* Animal qui regarde passer les trains.
b. *n. f.* Fait de se concentrer.
c. *n. f. pl.* Une minute en comprend soixante.
d. Ce que les voitures semblent faire, par rapport à la rapidité du train.
e. *n. f.* Elle comporte soixante minutes.
f. *n. f.* Grande attention.

Corrigés

Page 7

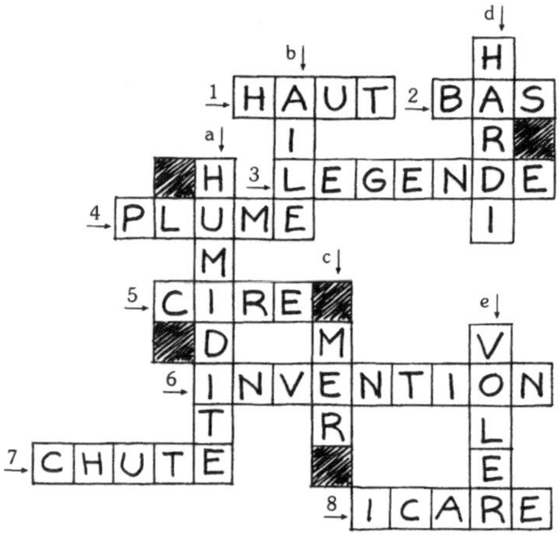

Page 9

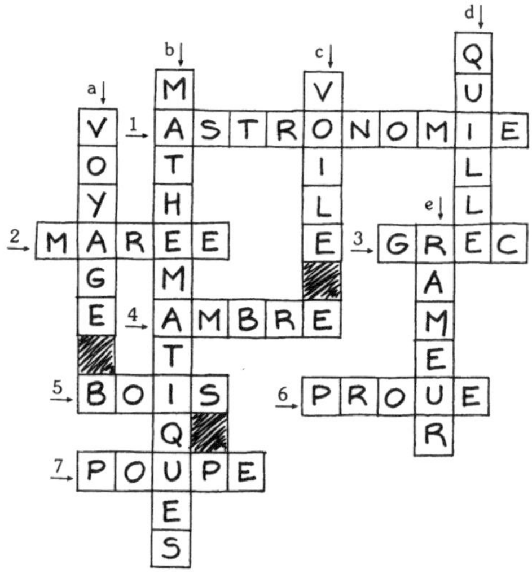

Page 11

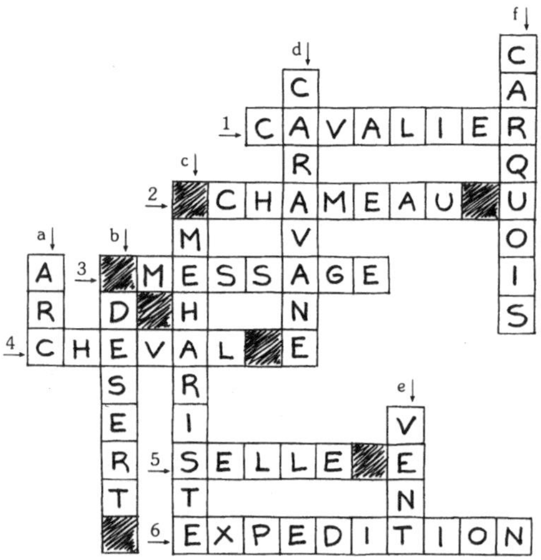

Page 13

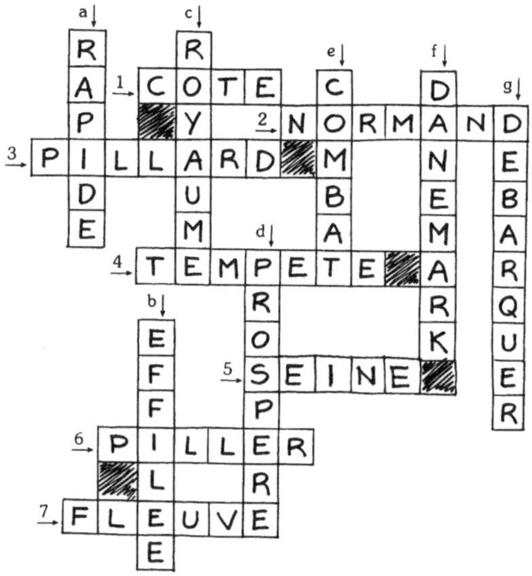

Page 15

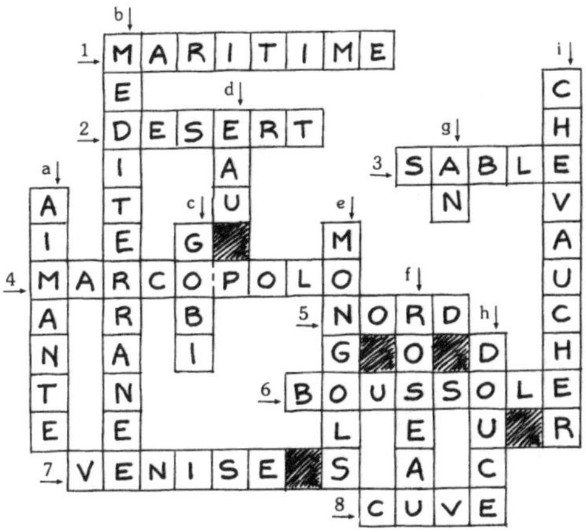

Page 17

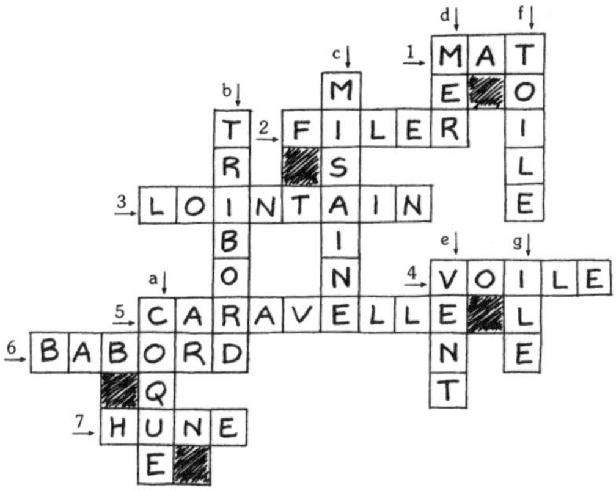

Page 19

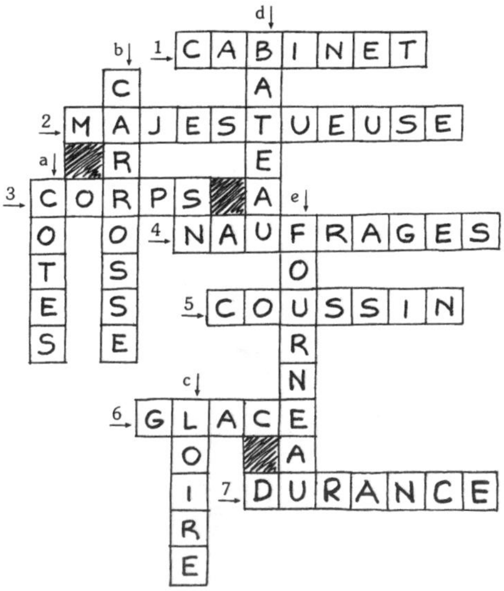

Page 21

Page 23

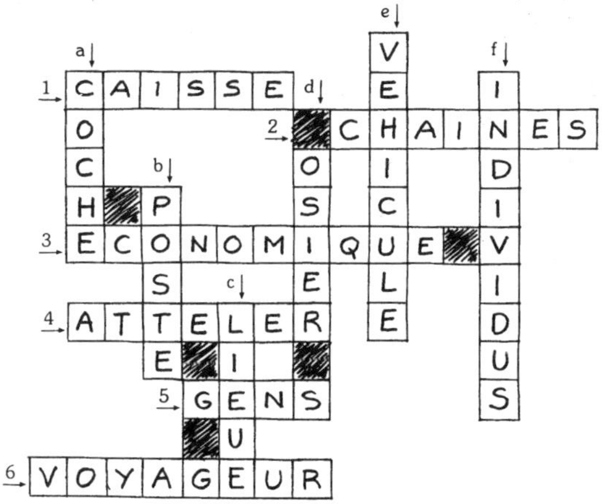

Page 25

Page 27

Page 29

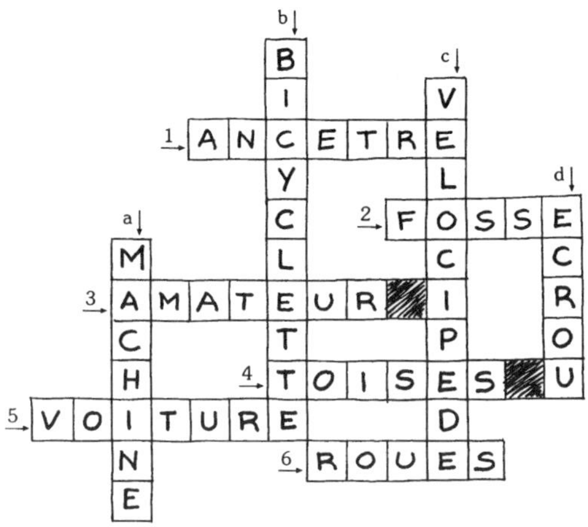

Page 31

Page 33

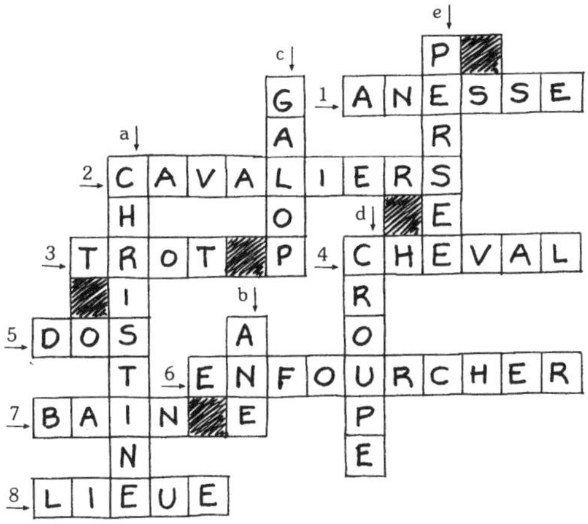

Page 35

Page 37

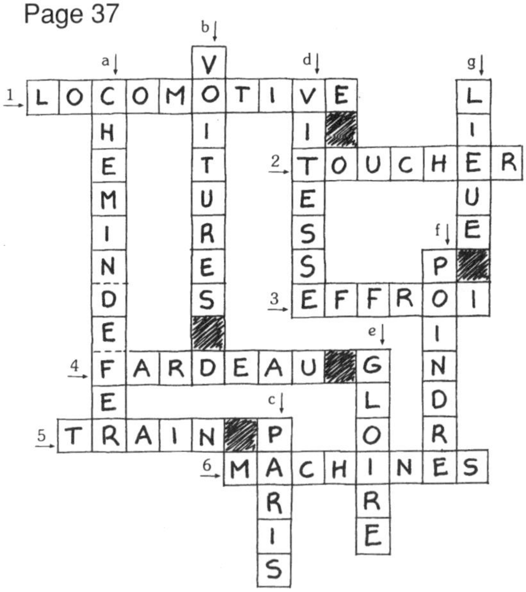

Page 39

Page 41

Page 43

Page 45

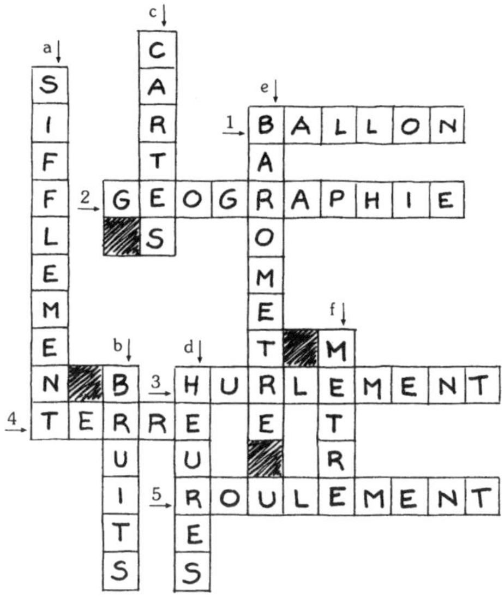

Page 47

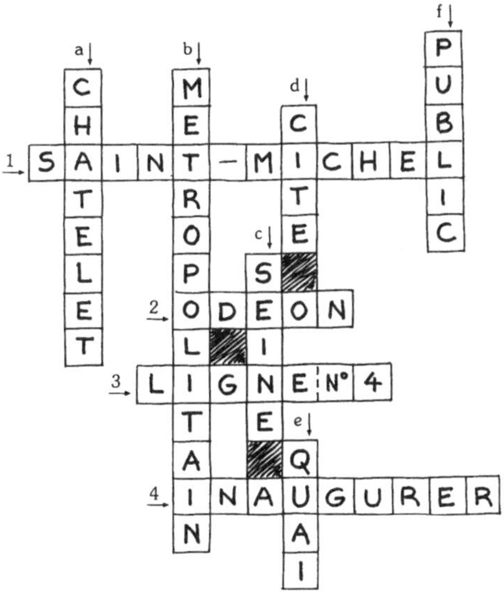

Page 49

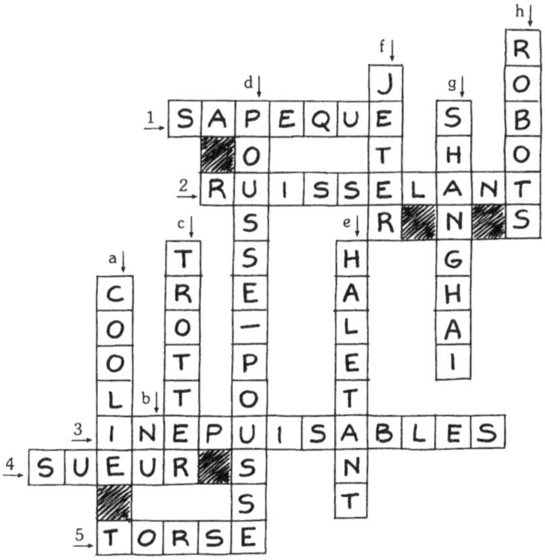

Page 51

Page 53

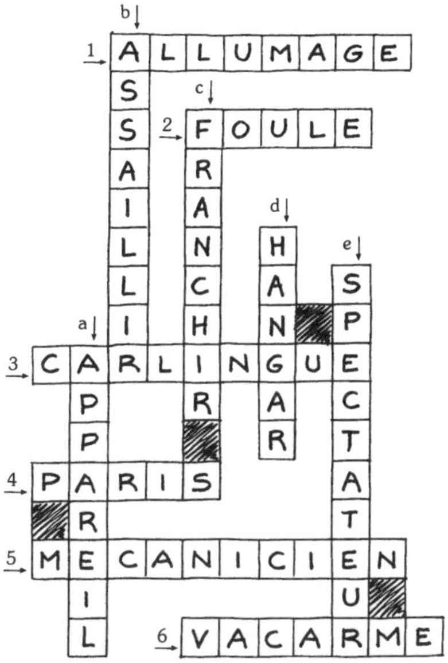

Page 55

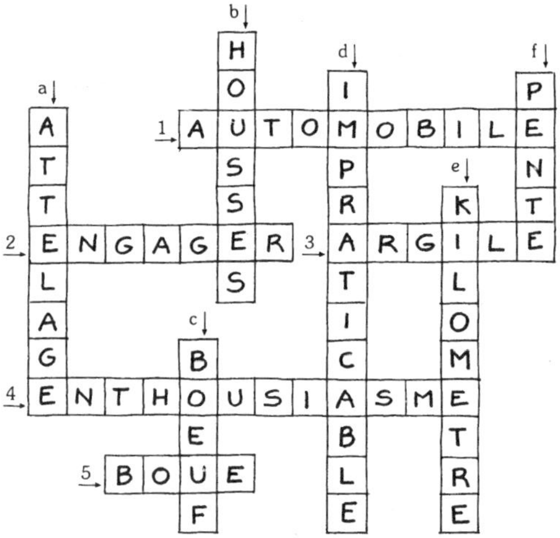

Page 57

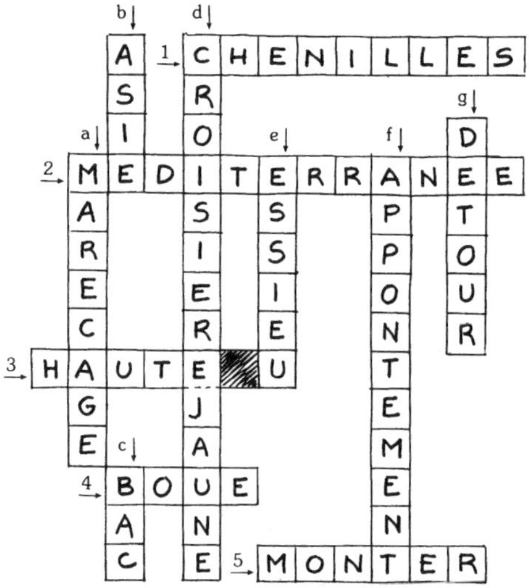

Page 59

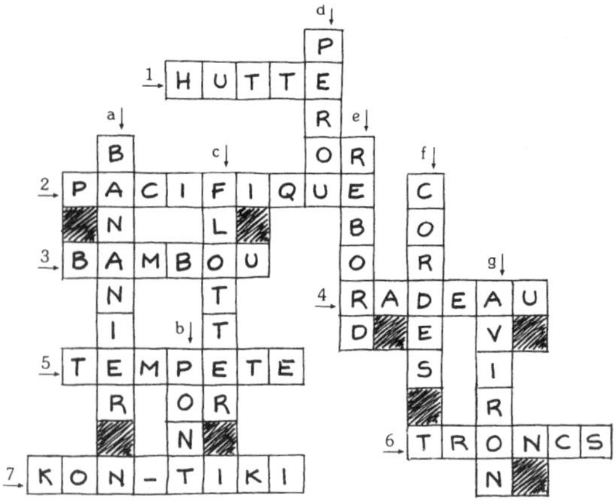

Page 61

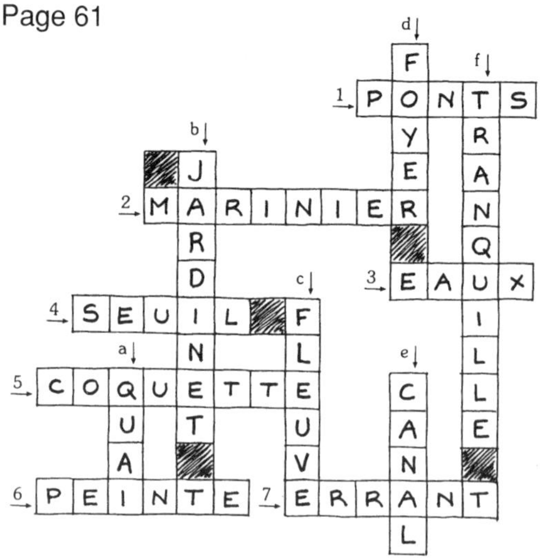

Page 63

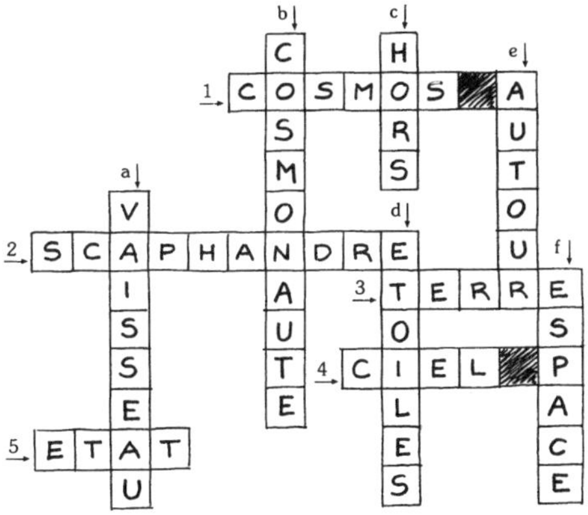

Page 65

Page 67

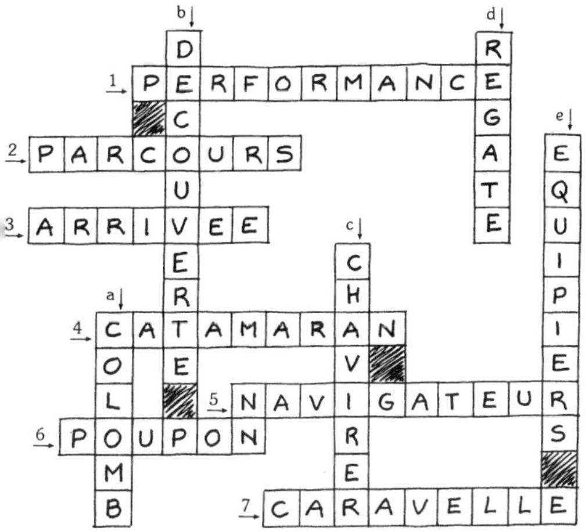

Page 69

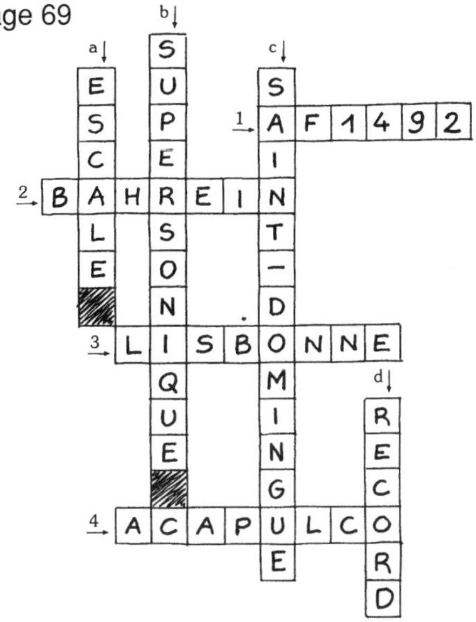

Page 71

Cet ouvrage a été reproduit
et achevé d'imprimer en France
en janvier 2003
Par l'Imprimerie France Quercy à Cahors.
N° d'éditeur : 679.
N° d'imprimeur : 22902 FF
N° de projet : 10100887 - (V) - (8) - BSBP 80°